1分間 古典文法 180

One Minute Tips to Master Japanese Classic Grammar 180

石井貴士
Takashi Ishii

Feat 管野泰久
Yasuhisa Kanno

水王舎

装丁：重原隆

1分間
古典文法
180

One Minute Tips to Master Japanese Classic Grammar 180

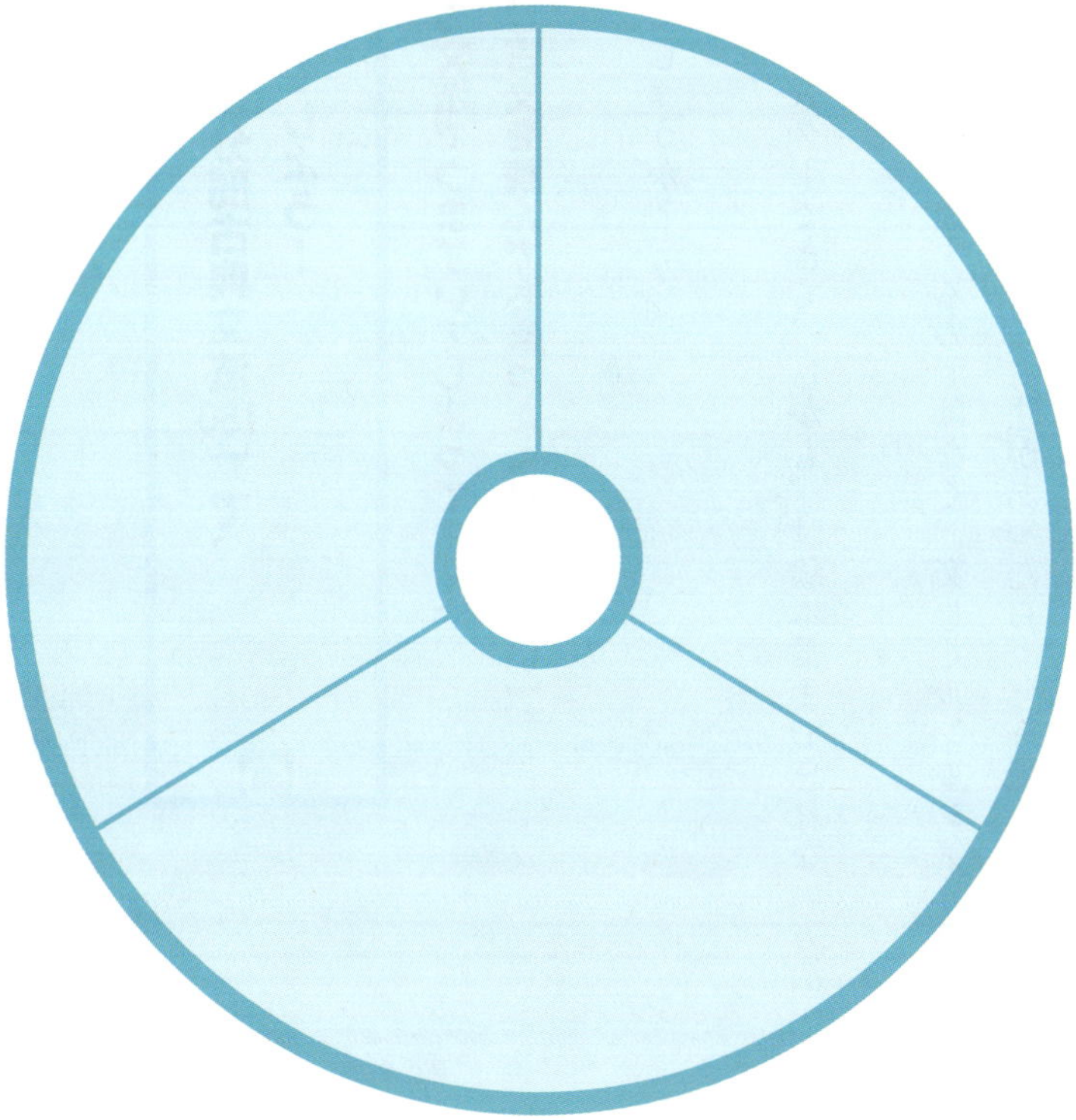

【はじめに】

1文法1秒で覚える！「1分間古典文法180」で、最速で古典文法をマスターしよう！

「古文の成績を上げたい！　でも文法でつまずいてしまって……」
「古典文法が理解できないので、古文を読んでもまったくわからない」

そういう方も多いのではないでしょうか？

そんななか、最速で古典文法をマスターできて、しかも、試験本番まで忘れない方法があったら、どうでしょう？

しかも、苦痛でウンウンうなりながら勉強するのではなく、楽しくルンルン気分で、気がついたら古典文法をマスターしてしまえるような方法があったら、どうでしょう？

ぜひ、チャレンジしてみたいとは思いませんか？

最短距離で古文の成績を上げる！
「1分間古文勉強法」の3ステップ

では早速、「1分間古文勉強法」の3ステップをご紹介しましょう。

それは、

1. **古文単語を240前後、必ず語呂合わせで暗記する。（1単語1秒）**
2. **古文の文法をマスターする。**
3. **過去問などの問題に、数多く当たる。（1問1～5分×1日10問）**

という3ステップです。

これは、私自身、古文についてほとんど何も知らないところから、
最速で成績を上げてきた方法論です。

ステップ1の「古文単語」を語呂合わせで覚える方法につきましては、『1分間古文単語240』をご覧ください。

この本は、**「1古文単語1秒で覚える」**というスピード学習と、語呂合わせとイラストによる**「イメージ記憶」**ができるような構成になっています。

おかげさまで、多くの受験生から
「カラフルで覚えやすいです！」

「今までの古文単語帳と違う。こんな古文単語帳が欲しかった！」

「単語を覚えるのは苦痛だけど、この本に出合えて勉強が楽しくなりました」

「本屋で一度手にとって、忘れられずに、また来て買いました」

といった多くの反響をいただき、著者としてもうれしい限りです。

それと同時に、ステップ2の古典文法についても、

「古文の文法を最速でマスターする方法はないでしょうか？」

「1文法1秒でマスターできる古典文法の本があったら最強なので、ぜひ作ってください」

といったリクエストが、読者の方々から多数寄せられました。

そこで今回、多くの方のご要望にお応えして、1古典文法1秒で覚える**『1分間古典文法180』**を奇跡的に開発することができました。（なぜ奇跡なのかはのちほど……）

古典文法において、おそらく、今後数十年は、これ以上に暗記を最速化した方法論は出版されないと思っています。

なんといっても**「1古典文法1秒」**で、しかも**「ラップ」**なのですから……

古典文法はラップで覚えよ！

「ラップだって？　何？　お料理に使うラップでも、どこかに巻くのか？」

そう思った方もいるかもしれません。
ですが、そのラップではありません。

「♪ＨＥＹ！　ＹＯ！」とサングラスをかけたＤＪが、レコードを自在に操って歌う、そちらの「ラップ」です。

「え？　古典文法とラップだって？　まったく関係がないじゃないか！」

そう言いたい気持ちはわかります。
ですが、古典文法においては、**リズムに乗せてラップで覚える**というのが、実は正解なのです。

同じ古文でも、古文単語の場合は、**「語呂合わせ」**で覚えるのが正解です。

なぜなら、問題として出題される古文単語は、**「現代語と同じ読み方なのに、現代語と意味が違うもの」**というのが多いからです。

たとえば、**「やがて」**という古文単語。

あなたは現代語の「やがて」と同じだと、疑いなく思っていませんでしたか？

ですが、語呂合わせで、「**矢が手**に刺さり、**そのまま　すぐに**病院へ。」と覚えていれば、**やがて＝「そのまま」「すぐに」**という意味だと瞬時《しゅんじ》に変換《へんかん》することができます。

©河野やし

語呂合わせを覚えている状態で文章を読むことで、**「日本語なのに、違和感を覚える状態」**を作り出すことが、重要なのです（詳しくは、『1分間古文単語240』参照）。

では、古典文法はどうでしょうか？

こちらも、古文単語と同様に**「イメージ記憶」**が望ましいです。

なぜなら、こちらも「現代語と一見同じで、実は違う活用の仕方」が、出題されるケースがあるからです。

古典文法も、違和感を持つことが重要です。

ほとんどの人は、無意識で現代語と同じように文法を解釈してしまうからです。

「では、古典文法も語呂合わせにすればいいのでは？」と思う方も多いでしょう。

もちろん、古典文法の活用形を語呂合わせにしたい気持ちはやまやまなのですが、それは正直、とても難しいです。

例えば助動詞「る」の場合、

助動詞「る」の意味は、「受身・尊敬・可能・自発」で、

活用は「れ・れ・る・るる・るれ・れよ」です。

「さあ、語呂合わせにしてください！」と言われて、できる人がいるでしょうか？

そう。古文単語のように、1対1対応（1つの古文単語に1つの意味）、もしくは1対多対応（1つの古文単語に複数の意味）の場合は、語呂合わせにできます。

ですが、古典文法の場合は、あまりにも情報量が多すぎて、強引に語呂合わせにしたとしても、逆に、非効率なのです。

「るうけみそん？　けいかのう〜？　痔？　初？　れれ？　るるるれ？　れよ！」

という語呂合わせを、仮に、強引に作ったとしても、あまりに苦しすぎて、絶対に覚えられないですよね？（作成した私自身、意味不明で覚えられません）

もちろん、古典文法も古文単語同様、**「音」**で覚えるのが、受験においては正解です。

なぜなら、入試本番で、確実に思い出すことができるからです。

そんななか、

「古典文法を「音」の形で覚える方法はないものか？

もしあったとしたら、「1古典文法1秒！」が実現するのだが……」


と思っていたところ、奇跡的な出会いがあったのです。

なんと、古典文法の必須事項を、全て「ラップ」にして覚える方法を編み出した先生がいるというのです。

その方が、広島の修道中学校・修道高等学校の**管野泰久先生**です。

管野先生は、すでに15年以上、ラップを使った古典文法講義を実践している先生です。

そしてなんと、毎年、東大・京大といった日本トップクラスの大学にも、この方法論を活用して多数の合格者を出しているというのですから、驚きです。

©みやじま華屋敷

そこで今回は、日本トップクラスの実績を誇る、**「ラップ古文」**の菅野先生と、日本最速のスピード勉強法である**「1分間勉強法」**とが**夢のコラボレーション！**

奇跡的にこの、**1古典文法1秒！　で覚える『1分間古典文法180』**が誕生したのです。

ラップで古典文法をすべて覚えてしまえば、忘れない記憶になります。

そうすれば、国語の配点の約3割に当たる古文は、ほぼ満点に近くなることでしょう。

また、試験本番で、ゼロ秒で思い出せるようになれば、古文の問題が一瞬で解けるようになります。

そうなれば、浮いた時間を現代文の攻略にもあてることができるのです。

これはまさに、最速・最強のメソッドではないでしょうか？

『1分間古典文法180』には、どんな問題が収録されているの？

『1分間古典文法180』の構成ですが、

①「覚えて楽しい120問」（ラップで覚える古典文法①②）

②「できると嬉しい60問」（古典文法演習60）

が収録されています。

まず、知らないと受験勉強が、とにかく苦痛にしかならない重要な古典文法を、大学入試本番でもゼロ秒で思い出せるように、すべてラップ形式で収録しました。

この120問に関するラップを覚えておくことで、古典文法に関しては、平均点クリアは当然のこと、合格点もクリア。

読めなかった古文の読解がものすごく楽になり、一気に古文で多くの受験生に差をつけることができます。

しかも、この**「覚えて楽しい120問」**（ラップで覚える古典文法①②）は、**1問につき見開き2ページ**をとっていて、1問ごとにじっくり確認ができるようになっています。（最終的に1古典文法1秒で見返すことができるようにするためです）。

「古典文法のことは何も知らないしなあ」という方のために、**解説も**ついていますので、**ゼロからいきなり学ぶことができてしまう**構成になっています。

ゼロから学ぶみなさんや、途中でつまずいたみなさんへ。

古典文法でつまずくのは、カテゴライズができていないからです。

このカテゴライズができると、古文の読解がものすごく楽になります。

例えば「助動詞『らる』ってなに？」と聞かれた時に、

①未然形接続の助動詞
②意味は「受身・尊敬・自発・可能」
③活用は「られ・られ・らる・らるる・らるれ・られよ」
④下に「〜ず」ときた場合は、「〜できない」と訳す

……という情報を**すべて答えられる人**が、**受験で栄光をつかむ人**です。

そのためには、**情報のカテゴライズ化が必要**になるというわけです。

それでは、具体的な問題を見てみましょう……。

A　春は来ぬ。
B　春ぞ来ぬ。

こんなに短い文章でも、合否が分かれてしまうことがあります。

なぜかわかりますか？

それは、このうち片方は**「まだ春が来ていない」**という意味になるからです。

内容が真逆になってしまうのですから、文法はもちろん内容読解においても致命的です。

その結果、**受験生であるあなたに「春が来ない」**というのは、切実な問題ですよね！

どちらが「春が来た」でどちらが「春が来ない」かわかりましたか？

……答えはBが「春が来ない」です。

先ほど挙げた「カテゴライズ」ができていないと、この問題は絶対に解けません。

それをラップでラクラク覚えてしまおうというわけです。

さて、**Aについて解説しますと**……、

①文末の「ぬ」が終止形
②よって、この「ぬ」は完了の助動詞
③完了の「ぬ」は連用形接続
④よって、動詞「来」はカ行変格活用の連用形
⑤以上より「はるはきぬ」と読み、訳は「春が来た」

Bについて解説しますと……、

①係助詞「ぞ」があるため、文末の「ぬ」は連体形
②よって、この「ぬ」は打消の助動詞
③打消の「ぬ」は未然形接続
④よって、動詞「来」はカ行変格活用の未然形
⑤以上より「はるぞこぬ」と読み、訳は「春が来ない」

「こんなもの、暗記できるか！」と思うかもしれませんが、**ラップにしてしまえば**あら不思議、**音楽に乗せて覚えることができてしまいます。**これは、まさに必勝法ですよね？

さらに、**「できると嬉しい60問」**（古典文法演習60）も掲載。これは、**「覚えて楽しい120問」**

の内容をきちんと暗誦《あんしょう》できているかどうかのチェック問題です。

これらの問題をゼロ秒でできるようになったら、**いよいよ入試問題にチャレンジ！**

古典文法の必須暗記項目を、ラップで暗記することができて、試験本番でゼロ秒で引き出せる状態。

この状態であれば、試験本番で、ほかの人に負けなくなるとは思いませんか？

ほかの受験生が、ウンウンうなっているところに、あなたは、ラップを思い出すだけで、問題を解くことができるのです。

しかも、**ラップでの暗記なので、100％の自信を持って、答えることができます。**

さらに、180問はすべて、最終的には1問1秒で復習ができるよう作成されています。

ということは、本番の試験前日に、復習する時間は、**180秒＝3分**でいいのです。

古文単語240も、1古文単語1秒だとすると、**4分**。

つまり、**3分＋4分の復習**で、試験本番でほぼ満点が取れてしまうのが、古文という科目なのです。この方法論は、最速がゆえに、最強なのです。

では、いよいよ「1分間古典文法」の使い方の3ステップをご説明しましょう！

『1分間古典文法180』の3ステップ

『1分間古典文法180』の学習は、次の3ステップで完成します。

【ステップ1】本と照らし合わせながら、付属のDVDを見て、
理解しながらラップを覚える

※理解して、口ずさみながら繰り返す

【ステップ2】問・解答・ラップ・ポイントを1秒ずつ黙読しながら眺める（1問4秒）

※これを180問行い（12分）、20分空けて繰り返す（1日3周×21日が目安）

【ステップ3】右ページ（問・解答）を0.5秒、左ページ（ラップ・ポイント）を
0.5秒で眺める（1問1秒）

※これを120問行う（2分）。残りの60問は、1問1秒で、見開き2ページを4秒で眺める。（1分）

この「3ステップ」が、『1分間古典文法180』の勉強法です。

【ステップ1】本と照らし合わせながら、付属のＤＶＤを見て、理解しながらラップを覚える

まず、本の44ページを開いて、付属のＤＶＤを再生します。
すると、トラック1からラップが始まりますので、ラップに合わせて左手の人差し指で、矢印（↓）の順になぞりましょう。

これは、

「左手は、右脳とつながっている。ということは、もしかしたら、左手の人差し指でなぞるという『触覚』を使えば、右脳と左手の人差し指がつながって、内容がわかるのではないか？」

「3才児は、文字が読めないのに、指で文字をなぞって絵本を理解している。

それと同じ原理があてはまるのではないか？」

という私の仮説を元に実験した結果、暗記がはかどることがわかりました。

ぜひ、だまされたと思って、やってみてください。

普段よりも暗記がはかどるはずです。

実際にやってみるとわかると思いますが、人差し指で矢印に沿ってなぞることで、**「周辺視野」**も使えるので、前後の言葉も同時に目に入ってくるのです。

しかも、ＤＶＤを見ながらですので、**『視覚』**も**『聴覚』**も刺激され、格段に理解が早まります。

注意点は、空中でなぞるのではなく、音がするくらい、しっかり指でなぞることです。

空中だと、左手の人差し指から右脳へ情報がつながらないので、直接触る必要があります。

同時に、ＤＶＤを見ながら、ラップを覚えることにも集中します。

覚える際に、一緒にラップを唱えてみると、見る（**視覚**）だけでなく、口（**触覚**）も刺激されますので、是非、自分で実際に声に出して覚えましょう。

さらに、自分が発した声も耳から入るので、耳（**聴覚**）も刺激されます。

ラップに合わせて矢印の順になぞる

連用形接続

助動詞	たり	ぬ	つ	助動詞
意味	存続・完了	強意・完了		意味
未然形	たら	な	て	未然形
連用形	たり	に	て	連用形
終止形	たり	ぬ	つ	終止形
連体形	たる	ぬる	つる	連体形
已然形	たれ	ぬれ	つれ	已然形
命令形	たれ	ね	てよ	命令形

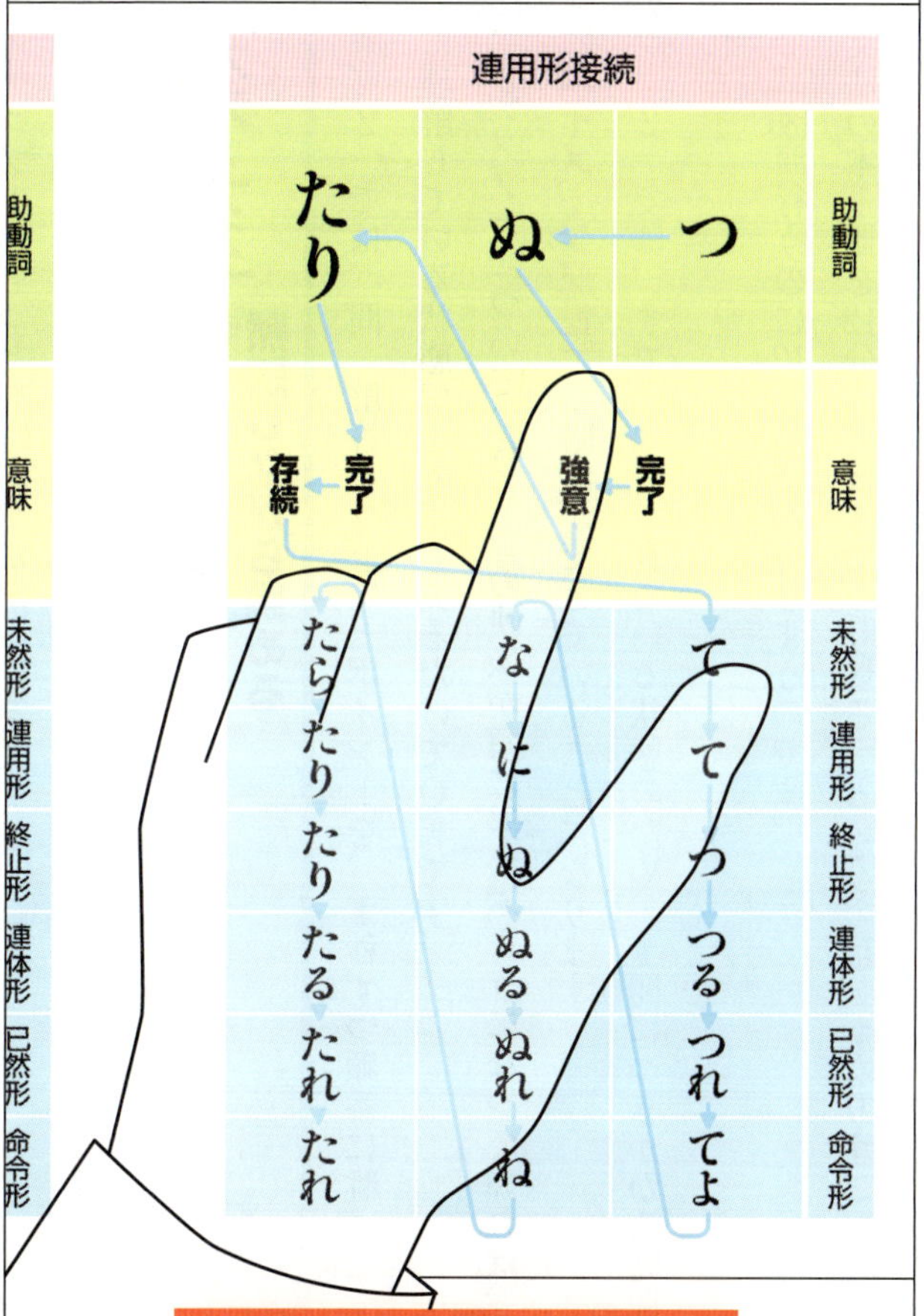

左手の人差し指＝右脳とつながる

このステップ１がもっとも時間がかかる作業です。

ですが、ここで完全理解をしておくと、あとの復習がとても楽になります。

【ステップ２】問・解答・ラップ・ポイントを１秒ずつ黙読しながら眺める

「ステップ２」では、問・解答・ラップ・ポイントを、１秒ずつ順番に眺めます。

すでに理解している状態ですので、見るだけでＯＫです。

特に、「ラップ」について、ＤＶＤの映像が頭に浮かぶようになっていれば、古文単語と同様に**「イメージ記憶」**で暗記ができていることになります。

「ステップ２」では、すでに理解されている状態のため、１問につきかかる時間は４秒に短縮されます。

なので、180問行うのに12分で済んでしまうのです。

「古典文法の本１冊を12分で最後までやり切る」というのは、かなりすごいことだと思いませんか？

本書の「3つのステップ」

ラップと五感を使って、潜在意識に落とし込む

ステップ1

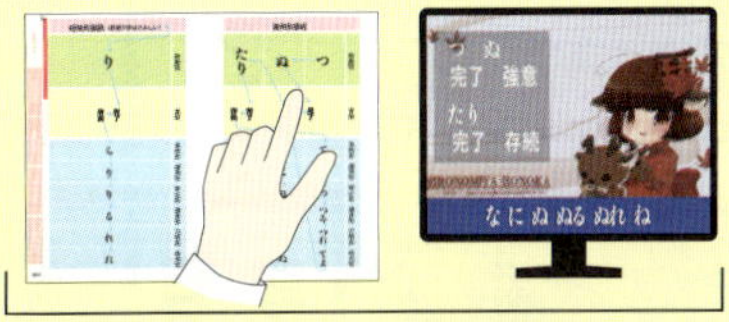

DVDを見て、左手人差し指でなぞる

× 完全に理解するまで繰り返す

↓

ステップ2

問 → 解答 → ラップ → ポイント

黙読 → 黙読 → 黙読 → 黙読

1問4秒 ⇨ トータル12分

× 20分空けて繰り返す（1日3周×21日）

↓

ステップ3

問 → ポイント

黙読 → 黙読

1問1秒 ⇨ トータル3分

× 問を見た瞬間にラップが浮かぶまで繰り返す

これを1日3周、21日間繰り返すと、古典文法がかなり覚えられるようになってきています。

それが終わったら、最終ステップである「ステップ3」へ進みましょう。

【ステップ3】 右ページ（問・解答）を0.5秒、左ページ（ラップ・ポイント）を0.5秒で眺める

「ステップ3」では、黙読だけで1問1秒で、繰り返しましょう。

180問を3分通しで、復習します。

これが最終形です。

問題を見た瞬間にラップが頭に浮かぶようになるまで、何度も何度も繰り返しましょう。

4色の付箋を貼れば、さらに復習が最速になる！

さらに、なかなか覚えられない問題は、4色の付箋を貼ったりしながら、その問題ばかりを繰り返し覚えるのも、効果的です。

赤色の付箋……見た瞬間、ゼロ秒でわかる。
緑色の付箋……見た瞬間、3秒くらいでわかる。
黄色の付箋……見たことはあるが、思い出せない。
青色の付箋……見たことも、聞いたこともない。
（この段階なので、青はほとんど使わないと思います）

このように、付箋を貼っておけば、試験前日も復習がかなり楽になります。

赤の部分はやらなくていいことになるので、緑、黄、青の順番で復習をすることで、復習が3分と言わず、1分でできてしまう人もいるでしょう。

もちろん、試験直前で、すべて赤になっていることが望ましいので、その場合は、復習さえほとんどしなくていいことになります。

古文は高校1年、2年の段階で、早めに攻略できる科目でもありますので、是非、この『1分間古典文法180』を使って、最速で勉強を終わらせてくださいね。

「1問1秒で繰り返す」暗記法が最強な、2つの理由

では、なぜ、「1問1秒で繰り返す勉強法」である『1分間古典文法180』が、
なぜ、そんなに簡単なのか？
なぜ、覚えられるのか？
なぜ、それでいて楽しいのか？

というと、それには、２つの理由があります。

それは、

【１】１問１秒で60問復習する「スピード学習法」
【２】４色を使って暗記する「右脳記憶法」

を使っているからです。

1問1秒！　1分間で60問復習する「スピード学習法」の「3つの特長」

特長1

繰り返し復習することで、短期記憶→長期記憶に落とし込める！

記憶には「短期記憶」と「長期記憶」があります。
「短期記憶」とは、短時間で忘れてしまう記憶。
「長期記憶」とは、長時間覚えていられる記憶です。
「短期記憶」の持続時間は20秒以内、と覚えてください。
数字なら「5～9ケタ程度」しか覚えられません。例えば、
【8ケタの数字（電話番号など）】　5909−8920

はだいたいの人が覚えられますが、

【16ケタの数字（カード番号など）】2586―5041―8062―6193

となると、覚えられる人は、かなり少ないはずです。

数字を短時間覚えておくときの記憶は「短期記憶」に相当しますので、例えば、1回しか利用しない電話番号などは、電話をかけるときは覚えていても、すぐに忘れてしまうでしょう。

これとは逆に「長期記憶」とは、長いスパン（期間）で保持し続けられる記憶のこと。

あなたが「日本語」や「漢字」を忘れないのは、この「長期記憶」があるからです。

つまり、**「短期記憶」で得た知識を、「長期記憶」に移していく作業こそが、「勉強」**だと思ってください。

では、どうしたら「短期記憶」を「長期記憶」にすることができるのでしょうか？

「エビングハウスの忘却曲線」によれば、一度覚えたことは、

・20分後には42％忘れてしまう
・1時間後には56％忘れてしまう
・1日後には74％忘れてしまう
・1カ月後には79％忘れてしまう

という「実験結果」が出ています。

ということは、「たったの1回だけ頑張って」覚える努力をしても、1日もすれば、ほとんど忘れてしまう……つまり「短期記憶のまま」なのです。

では、どうしたら、「短期記憶」を「長期記憶」に移せるのでしょうか？

エビングハウスの忘却曲線

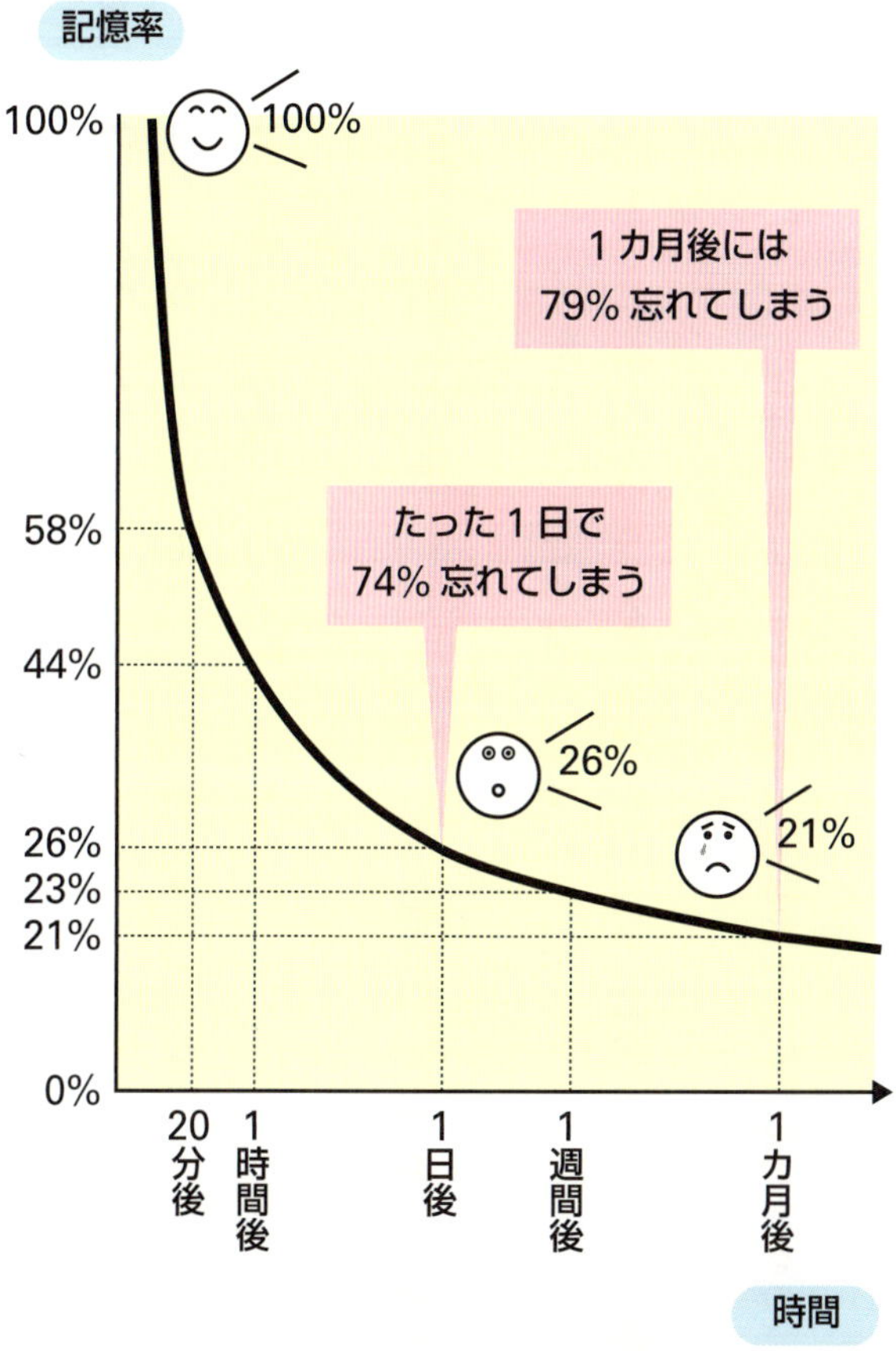

記憶してから1日の間に急速に忘却が生じ、
その後の忘却はゆるやかに進む

それは、**「何度も、何度も、繰り返し、復習すること」**です。

なぜ、1問1秒で繰り返す『1分間古典文法180』が最強かというと、**「180問を、3分で勉強できる」**からです。

そして、180問が終わった20分後、40％あまり記憶が薄れている頃に、**「もう一度、180問を3分で復習できる」**のです。

特長2 「1古典文法1秒、1分間で60問」形式！ 覚えやすい1分間単位の区切り

本書は、60問終わると最後に**「チェックシート」**がついています。

つまり、**「1問1秒で60問＝1分間」でチェック**を入れて、**「次の1分間」に突入**するという流れになっています。

これをたったの**「3回＝3分」繰り返すだけで、180問を一気に復習できる**のです。

「1分間単位」で区切られたレイアウトは、覚えやすいだけでなく、やる気が持続しやす

くなっています。

誰でも一気に180問を復習できるはずです。

実際、「膨大な作業量」を処理するときは、**「いくつかの段階に細かく区切って、一区切りずつ処理していく」**のが、途中でやる気を失わないベストな方法なのです。

例えば、いきなり「プロサッカー選手を目指せ！」と言われると長続きしませんが、細かく区切ってあげて、

・「次の試合で、1点入れよう！」
・「次の試合で、勝とう！」
・「市大会で、優勝」
・「県大会で、優勝」
・「国立競技場で、優勝」
・「プロサッカー選手になる」

というように、**「細かい区切りごとの目標」を立てて頑張ることで、やる気を持続することができる**のです。

あなたも、たった3分で180問が復習できるなら、「3分間頑張ること」は、それほど大変には感じないはずです。

これが本書の『1分間古典文法180』という名前の由来です。

特長3 「書かずに見る」ので「頭を使う」

暗記する用語を**「書いて覚える人」**がいます。

ですが、これは古典文法の勉強法としては、**「最も効率が悪い」**です。

1問に6秒かけて10回書いたら、それだけで60秒もかかってしまいます。

しかも、手で書いていると、「書く作業」に意識が向かってしまって、「記憶する作業」に意識がいきません。

「180語」=「3分間」で覚える

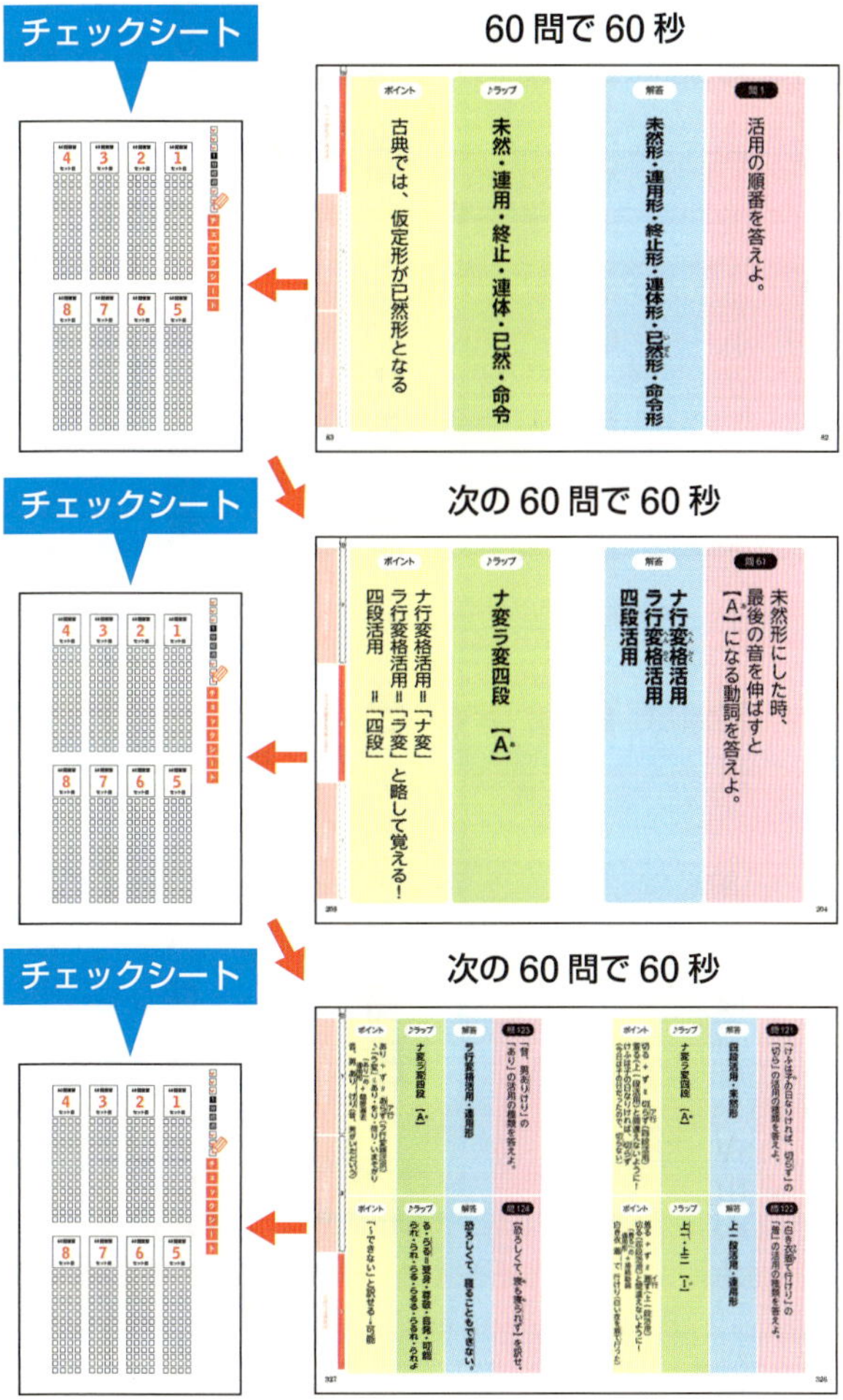
チェックシート
60問で60秒
問1
活用の順番を答えよ。
解答
未然形・連用形・終止形・連体形・已然形・命令形
♪ラップ
未然・連用・終止・連体・已然・命令
ポイント
古典では、仮定形が已然形となる
チェックシート
次の60問で60秒
問61
未然形にした時、最後の音を伸ばすと【A】になる動詞を答えよ。
解答
ナ行変格活用
ラ行変格活用
四段活用
♪ラップ
ナ変ラ変四段 【A】
ポイント
ナ行変格活用＝「ナ変」
ラ行変格活用＝「ラ変」
四段活用 ＝「四段」 と略して覚える！
チェックシート
次の60問で60秒

その証拠に、1分間という時間を使って、「1問6秒で10問を書く作業」をしたときと、「1問1秒で60問を目で見る作業」をしたときとで、頭の疲れ方を比べてみてください。

明らかに、「目で見て暗記する作業」をしたときのほうが、頭が疲れているのを実感できるはずです。

4色を使って暗記する「右脳記憶法」の「2つの特長」

特長1

4色を効果的に使い、無意識に右脳を活用

「1問1秒で繰り返す勉強法」である『1分間古典文法180』が最強な、理由の2つ目は、以下で紹介する**「右脳学習法」**です。

そもそも、人間の脳は「左脳」と「右脳」とに分かれています。わかりやすく言えば、

・**「左脳は論理的で、容量は少ない」**
・**「右脳は映像的で、容量が大きい」**

ということです。

頭をよくしようと思ったら、「左脳」と「右脳」の両方を効率的に使わなければならないのですが、現代人の大半は「左脳」だけで、「右脳」をほとんど使っていません。

そこで、**右脳は映像的＝「色」に反応**、という特長を活用します。

つまり、**「色鮮やかなものを使い、記憶・暗記に応用」**すれば、今まで使っていなかった「右脳」の膨大な容量を使えるようになり、記憶力・暗記力が向上するのです。

これは、脳の97％を占め「眠っている能力」とも言われる、潜在的な力を使うことにもつながります。

本書は、潜在的な力を最大限に引き出すため、**「4つの色」**を活用しました。

82ページから始まる、問題を見てください。

この本を見て、「カラフルだなぁ」と感じられたかと思います。

ですが、ただカラフルなだけではなく、実際には、「意味のある4色」しか使っていません。

見た瞬間にそれぞれのパートが判別できるので、脳に刻みやすい、という長所を活かしました。

- ●**問**……………**赤色**
- ●**解答**…………**青色**
- ●**ラップ**………**緑色**
- ●**ポイント**……**黄色**

また、ラップを覚えるためのページも、色分けしています。

このように、『1分間古典文法180』は「右脳」を刺激し、「眠っている97％の脳の力」を最大限使えるように、工夫がしてあるのです。

４色の色分けの例

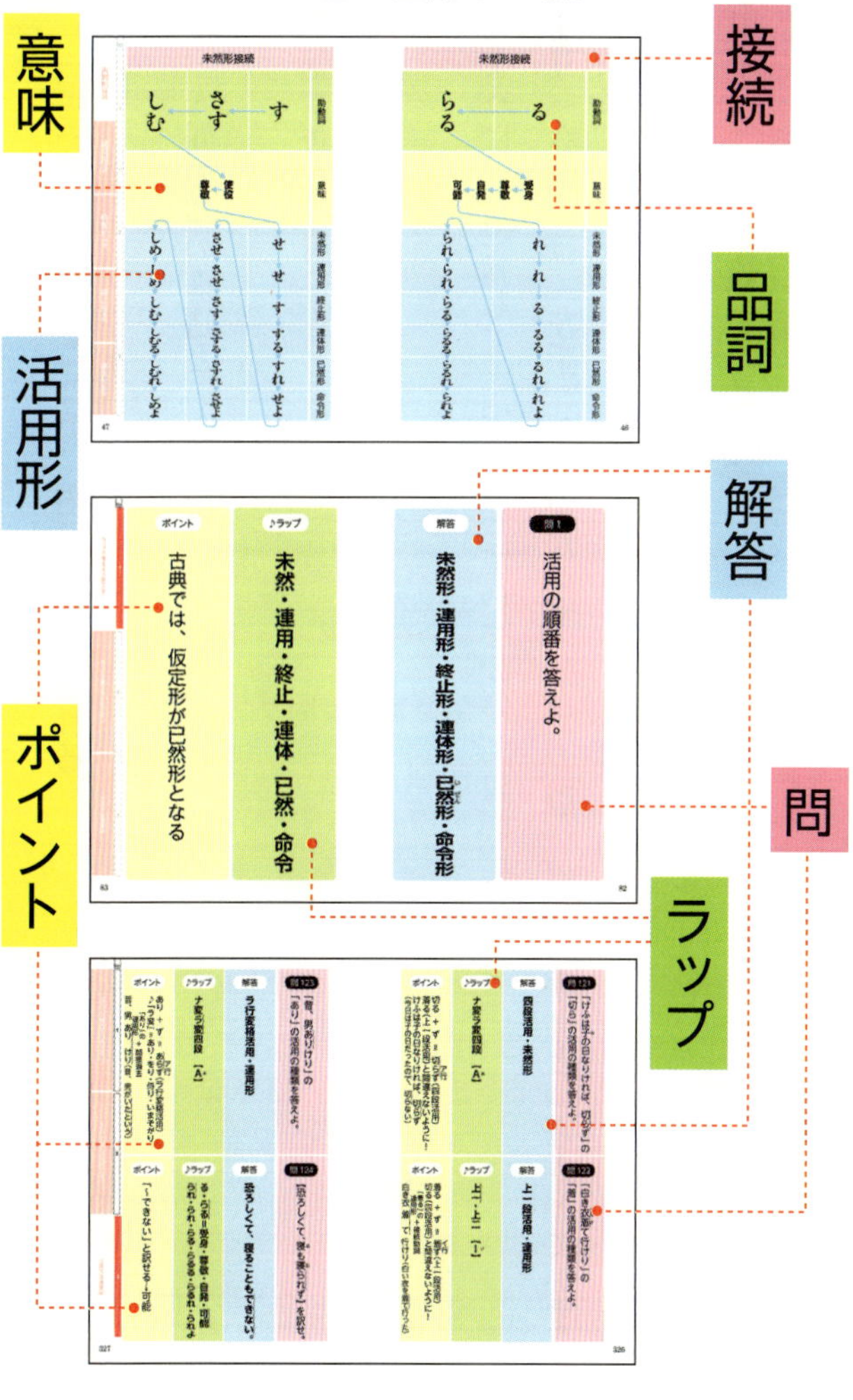

意味
接続
品詞
活用形
解答
ポイント
問
ラップ
未然形接続
問1
活用の順番を答えよ。
解答
未然形・連用形・終止形・連体形・已然形・命令形
♪ラップ
未然・連用・終止・連体・已然・命令
ポイント
古典では、仮定形が已然形となる

特長2

「左手でめくる」ことで、右脳が刺激される

実は、人間の体の構造というのは、

● **「右脳」が左半身**

● **「左脳」が右半身**

というように、「逆転して」つながっています。

つまり、「右脳」は「左手」とつながっていて、「左脳」は「右手」とつながっています。

ですから、『1分間古典文法180』の本を、

「右手で持って、左手でめくる」

ように使っていくことで、色だけではなく、左手でも「右脳を刺激することができる」の

です。

実際に「脳内の血流の動き」が映像で見られる「光トポグラフィー装置」という機械を使って「左手」を使っている人の脳内を見てみると、「右脳が使われている」のが、映像でも確認できるそうです。


現代人のほとんどが使っていない、「右脳」を効率よく刺激して使うことで、さらに記憶・暗記が定着します。


本書『1分間古典文法180』は、ここまで考えつくされた古典文法書なのです。

ぜひ一度、手に取っていただいた本書の威力と効果を、実感していただければ、著者としてとてもうれしいです。

また、この「短い時間で行う勉強法」について、「本1冊が1分で読める方法」や「60冊分の本を1分間で復習できる方法」を書いた私の著作

『本当に頭がよくなる　1分間勉強法』（中経出版）

も読んでいただくと、今後の人生における勉強にとても役立つものと、確信しています。

最後になりましたが、本書の作成におきましては、修道中学校・修道高等学校の田原俊典校長をはじめ、先生方、生徒の皆さまの多大なるご協力をいただきました。記して、感謝いたします。

㈱ココロ・シンデレラ　代表取締役　石井貴士

「菅野先生のつぶやき」

ラップ♪　を覚えると、『「す・さす・しむ」を「完了」と答えたりしない能力』が身につきます。

例えば、「読ませけり」の「せ」は100パーセント「使役」。ここまでがラップの領域です。

次の段階は、「文脈判断」。例えば、「読ませ給ひけり」の「せ」は、前後の文脈によって、「使役」「尊敬」両方の可能性があります。

どちらかを正しく判別するためには、文法に加えて「もうひとつ上の段階の知識」が必要になりますが、「使役？　尊敬？」で悩む受験生と、「完了？」と悩んでいる受験生との実力差は、歴然ですよね。

「勘で答える」ことと「カテゴライズされた記憶から選択する」こととは、雲泥の差なのです。

1分間
古典文法
ラップ♪

One Minute Tips to Master Japanese Classic Grammar 180

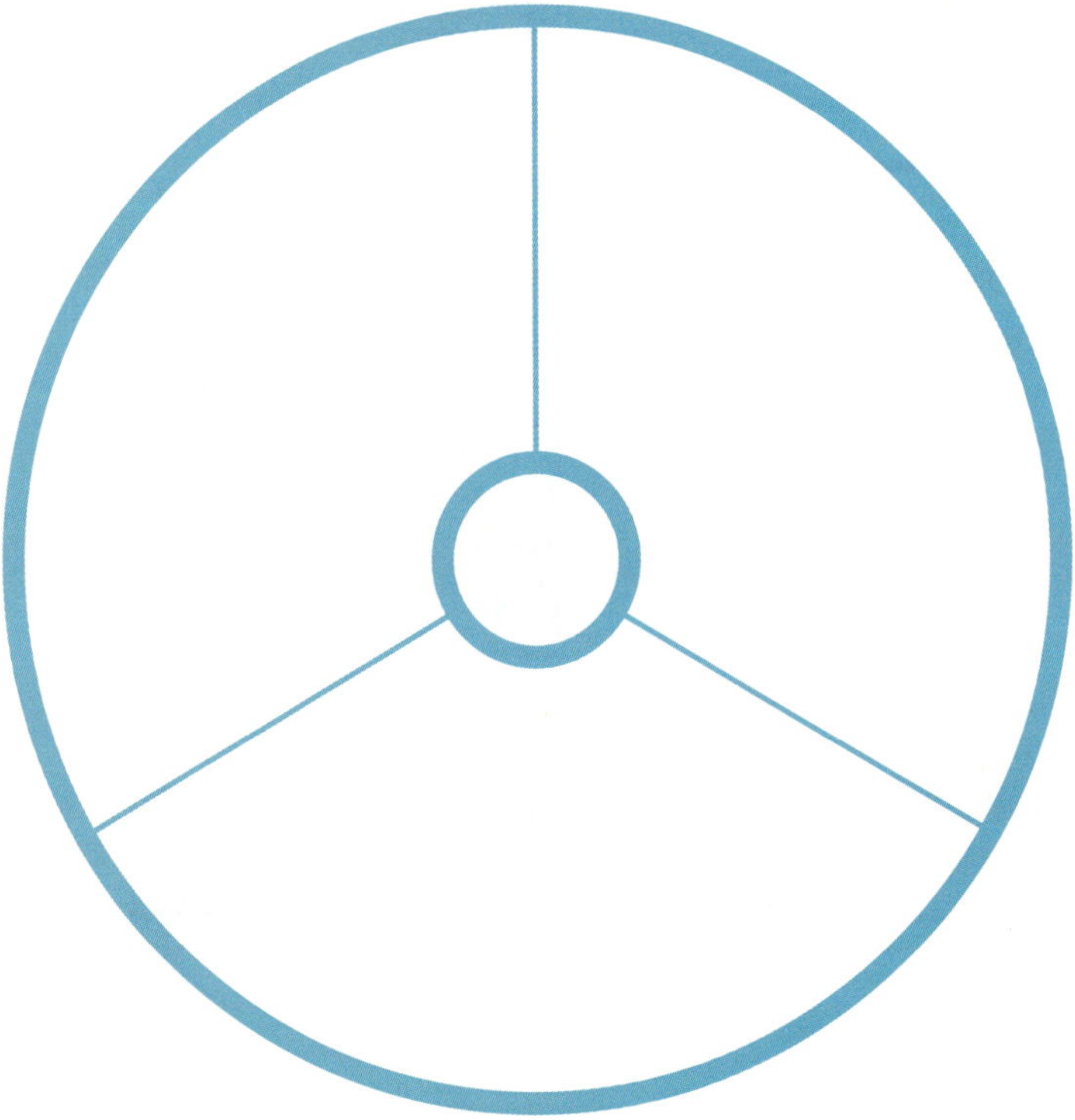

未然・連用・終止・連体・已《い》然《ぜん》・命令

未然形接続

る・らる・す・さす・しむ・ず・

む・むず・まし・じ・まほし

連用形接続	特殊形接続	終止形接続	連体形接続
たし・き・けり・けむ・つ・ぬ・たり	り	らむ・べし・らし・めり・まじ・なり	なり・たり・ごとし

未然形接続

助動詞	る	らる
意味	受身 尊敬 自発 可能	
未然形	れ	られ
連用形	れ	られ
終止形	る	らる
連体形	るる	らるる
已然形	るれ	らるれ
命令形	れよ	られよ

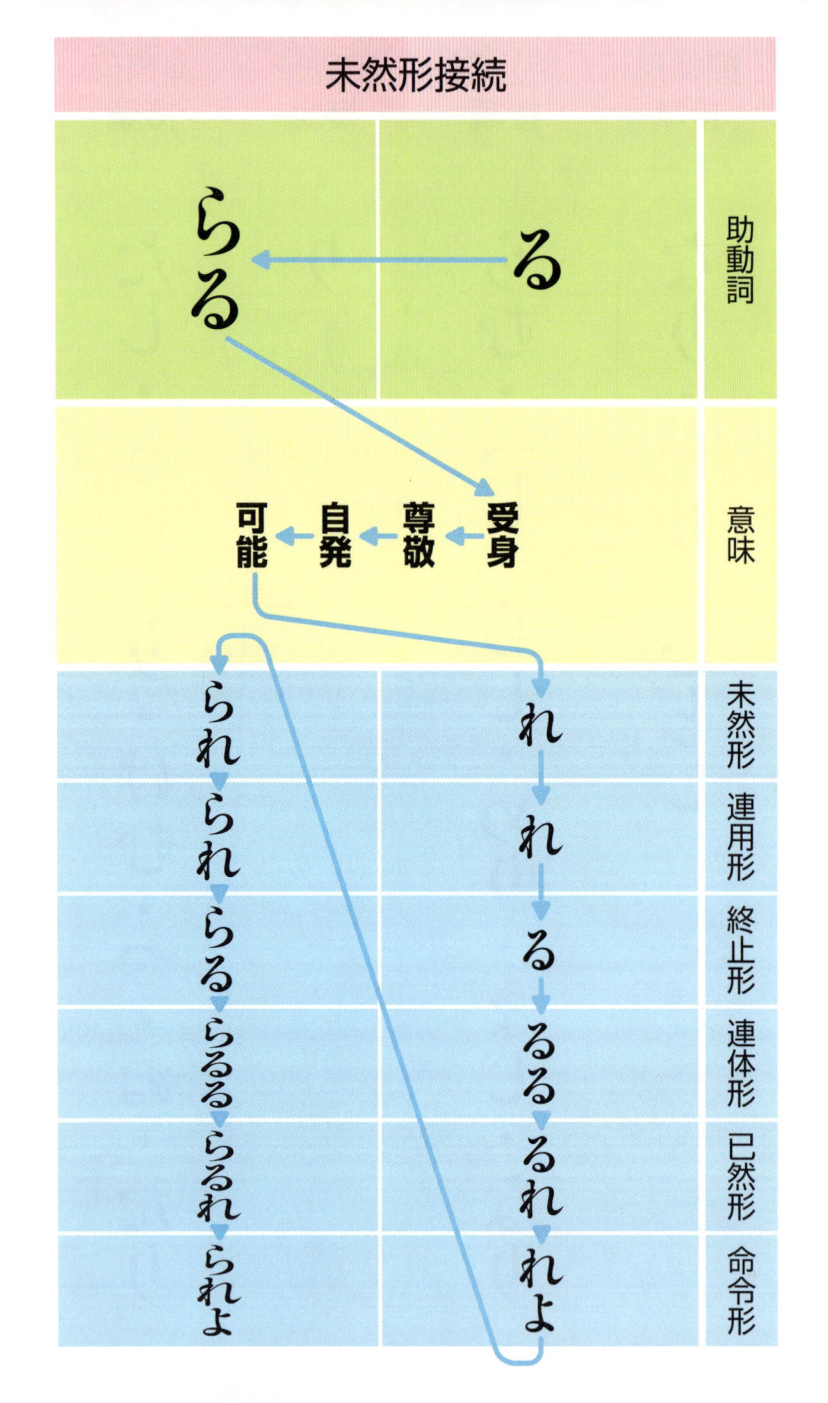

未然形接続

助動詞	す	さす	しむ
意味	使役・尊敬		
未然形	せ	させ	しめ
連用形	せ	させ	しめ
終止形	す	さす	しむ
連体形	する	さする	しむる
已然形	すれ	さすれ	しむれ
命令形	せよ	させよ	しめよ

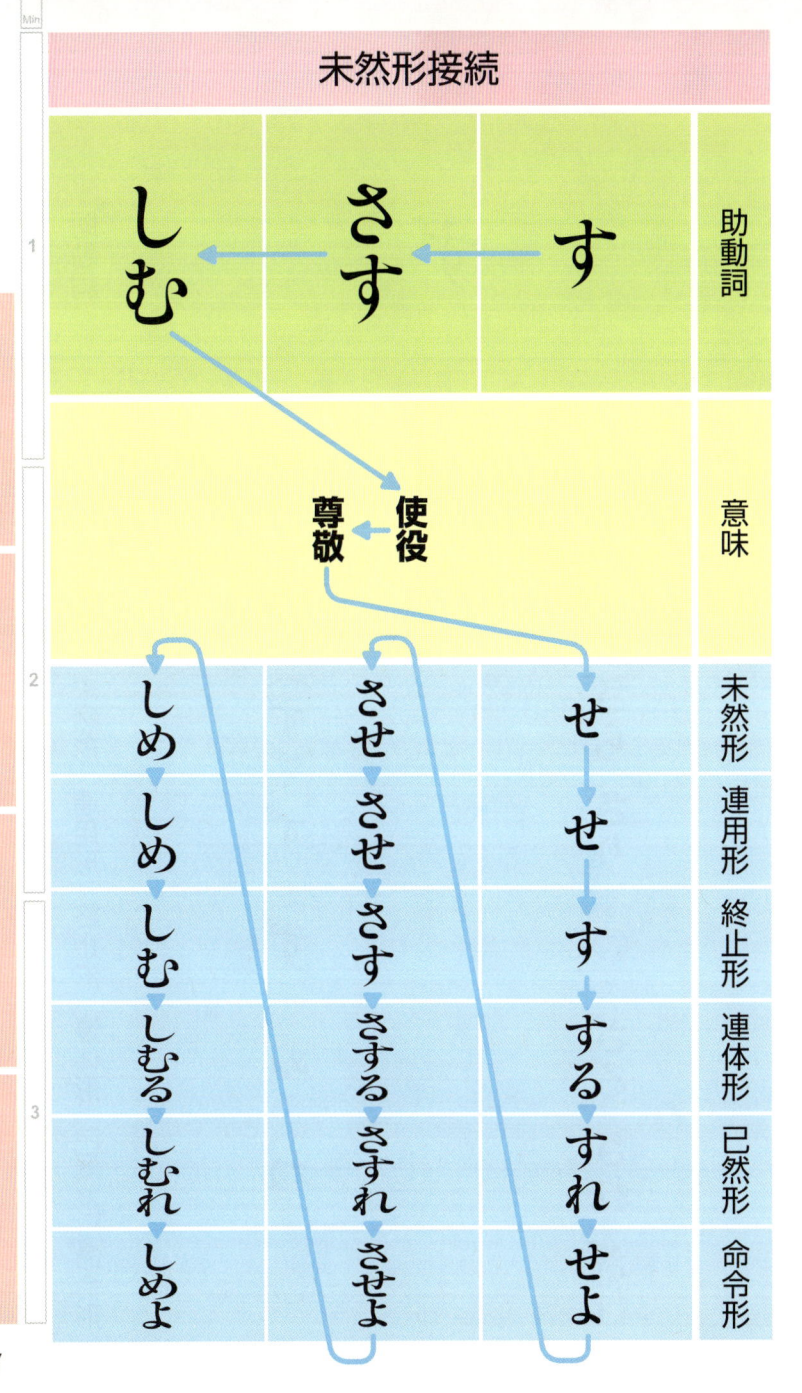

未然形接続

助動詞	意味	未然形	連用形	終止形	連体形	已然形	命令形
ず	打消	(ず)	ず	ず	ぬ	ね	○《まる》
		ざら	ざり	○《まる》	ざる	ざれ	ざれ

Min 1 2 3

未然形接続

助動詞	む	むず
意味	推量 意志 仮定 適当 婉曲《えんきょく》 勧誘	
未然形	ま	○《まる》
連用形	○《まる》	○《まる》
終止形	む	むず
連体形	む	むずる
已然形	め	むずれ
命令形	○《まる》	○《まる》

未然形接続

助動詞	まし
意味	反《はん》実《じつ》仮《か》想《そう》 → 願望 → ためらいの気《き》持《もち》
未然形	（ませ）
連用形	○《まる》
終止形	まし
連体形	まし
已然形	ましか
命令形	○《まる》

未然形接続

助動詞	じ
意味	打消推量 → 打消意志
未然形	○《まる》
連用形	○《まる》
終止形	じ
連体形	じ
已然形	じ
命令形	○《まる》

未然形接続

活用	本活用	補助活用
助動詞	まほし	
意味	希望	
未然形	く	から
連用形	く	かり
終止形	し	○《まる》
連体形	き	かる
已然形	けれ	○《まる》
命令形	○《まる》	○《まる》

連用形接続

助動詞	たし	
意味	希望	
未然形	く	から
連用形	く	かり
終止形	し	○《まる》
連体形	き	かる
已然形	けれ	○《まる》
命令形	○《まる》	○《まる》

連用形接続

助動詞	き	けり
意味	直接過去	間接過去　詠嘆《えいたん》
未然形	（せ）	（けら）
連用形	○《まる》	○《まる》
終止形	き	けり
連体形	し	ける
已然形	しか	けれ
命令形	○《まる》	○《まる》

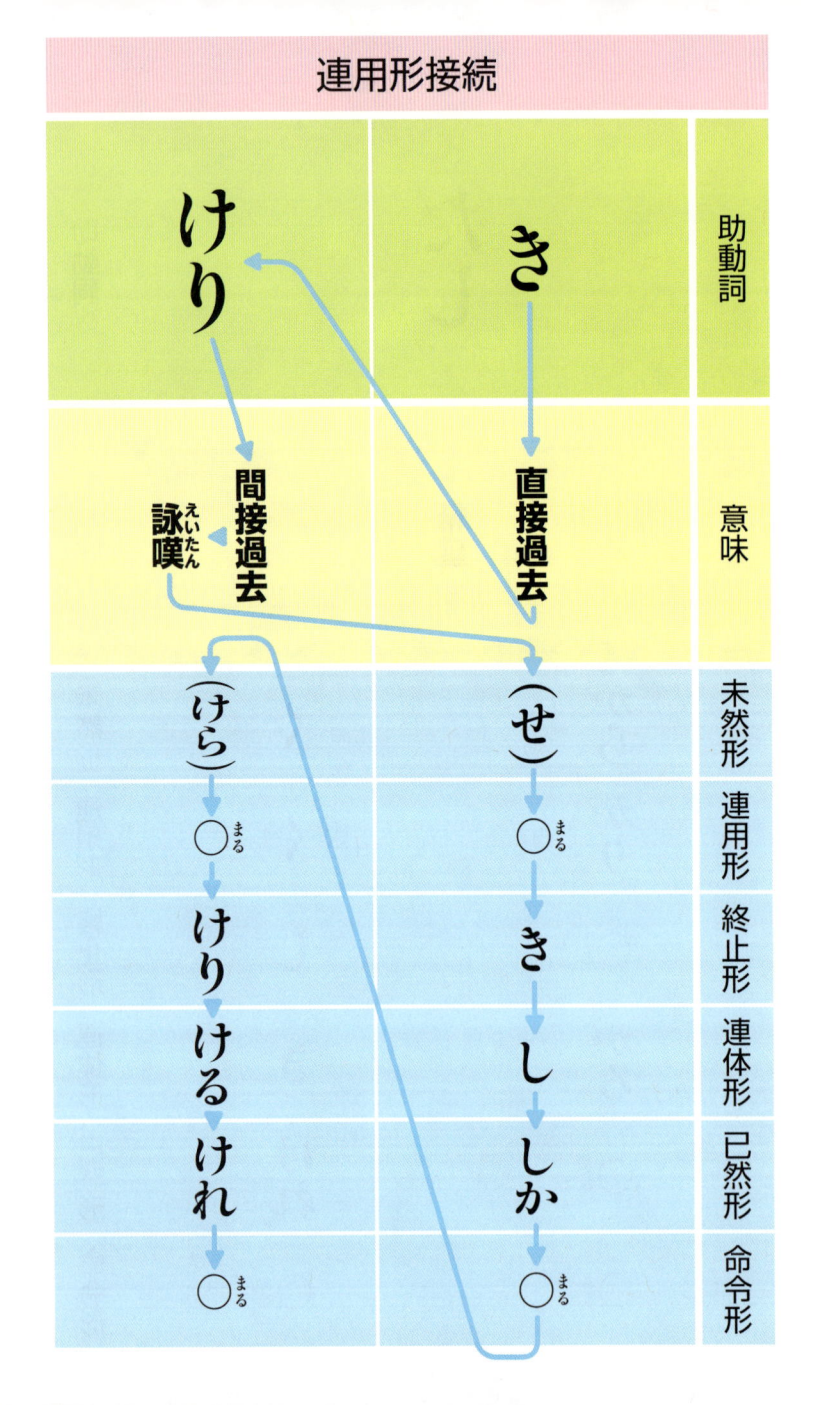

連用形接続

助動詞	けむ
意味	過去推量・伝聞・婉曲《えんきょく》
未然形	○《まる》
連用形	○《まる》
終止形	けむ
連体形	けむ
已然形	けめ
命令形	○《まる》

連用形接続

たり	ぬ	つ	助動詞
完了・存続	完了・強意		意味
たら	な	て	未然形
たり	に	て	連用形
たり	ぬ	つ	終止形
たる	ぬる	つる	連体形
たれ	ぬれ	つれ	已然形
たれ	ね	てよ	命令形

特殊形接続（官僚の李はさみしい）

助動詞	り
意味	完了→存続
未然形	ら
連用形	り
終止形	り
連体形	る
已然形	れ
命令形	れ

終止形接続（ラ変のときだけ連体形）

助動詞	らむ
意味	**現在推量**
未然形	○《まる》
連用形	○《まる》
終止形	らむ
連体形	らむ
已然形	らめ
命令形	○《まる》

終止形接続

助動詞	べし	
意味	推量 → 意志 → 可能 → 当然 → 命令 → 適当	
未然形	く	から
連用形	く	かり
終止形	し	○《まる》
連体形	き	かる
已然形	けれ	○《まる》
命令形	○《まる》	○《まる》

終止形接続

助動詞	らし	めり
意味	推定	推定・婉曲《えんきょく》
未然形	○《まる》	○《まる》
連用形	○《まる》	○《まる》
終止形	らし	めり
連体形	らし	める
已然形	らし	めれ
命令形	○《まる》	○《まる》

Min 1 2 3

終止形接続

助動詞	意味	未然形	連用形	終止形	連体形	已然形	命令形
まじ	打消推量→打消意志→打消当然→不可能→禁止	く	く	し	き	けれ	○《まる》
		から	かり	○《まる》	かる	○《まる》	○《まる》

終止形接続

助動詞	なり
意味	伝聞・推定
未然形	なら
連用形	なり
終止形	なり
連体形	なる
已然形	なれ
命令形	なれ

連体形接続

助動詞	なり	たり
意味	断定	断定
未然形	なら	たら
連用形	なり・に	たり・と
終止形	なり	たり
連体形	なる	たる
已然形	なれ	たれ
命令形	なれ	たれ

連体形接続

助動詞	意味	未然形	連用形	終止形	連体形	已然形	命令形
ごとし	比《ひ》況《きょう》・同《どう》一《いつ》・例《れい》示《じ》	く	く	し	き	けれ	○《まる》

活用の種類	未然形	連用形	終止形	連体形	已然形	命令形
形容詞	く	く	し	き	けれ	○《まる》
形容詞	から	かり	○《まる》	かる	○《まる》	かれ
形容動詞（ナリ活用）	なら	なり（に）	なり	なる	なれ	なれ
形容動詞（タリ活用）	たら	たり（と）	たり	たる	たれ	たれ

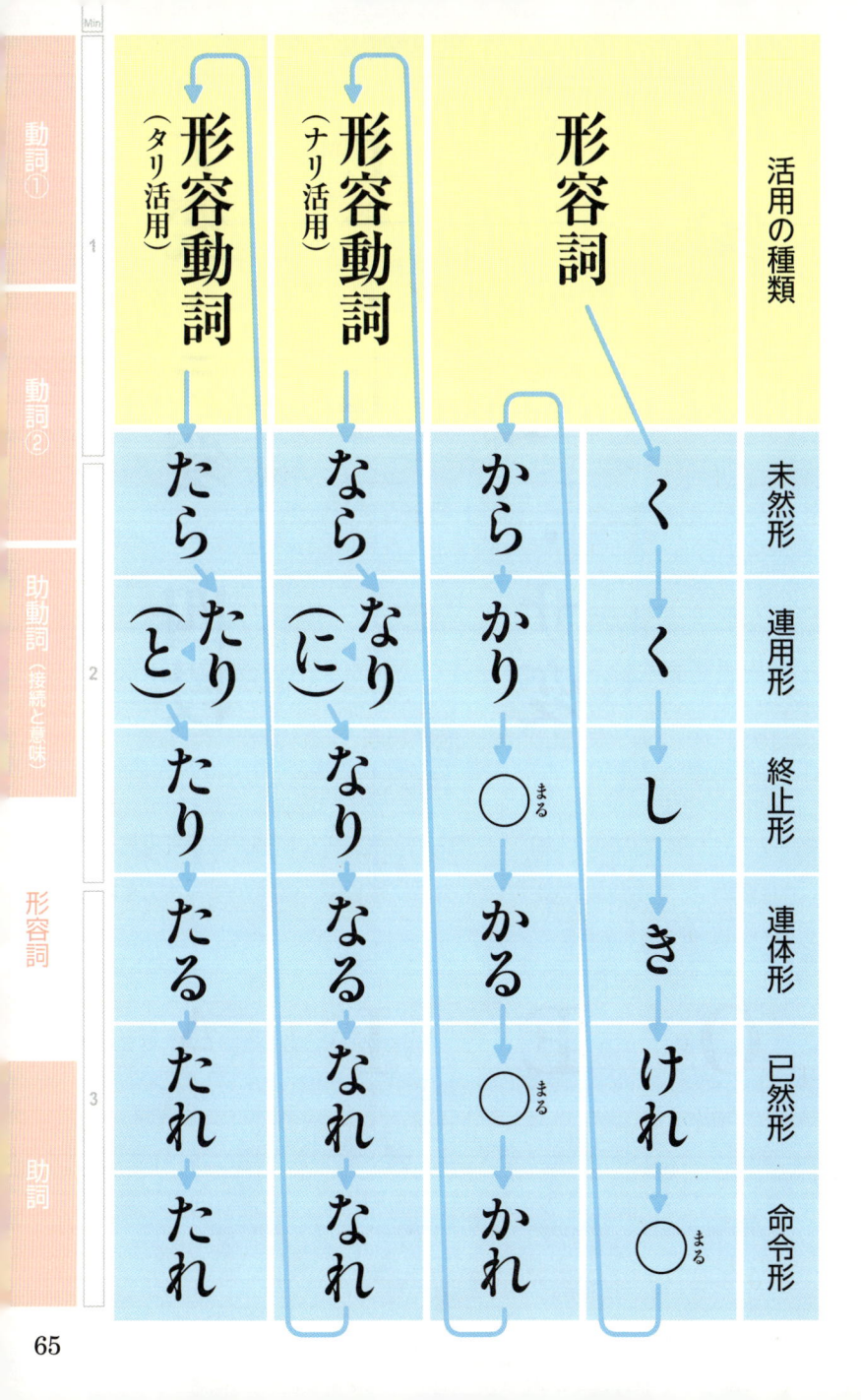

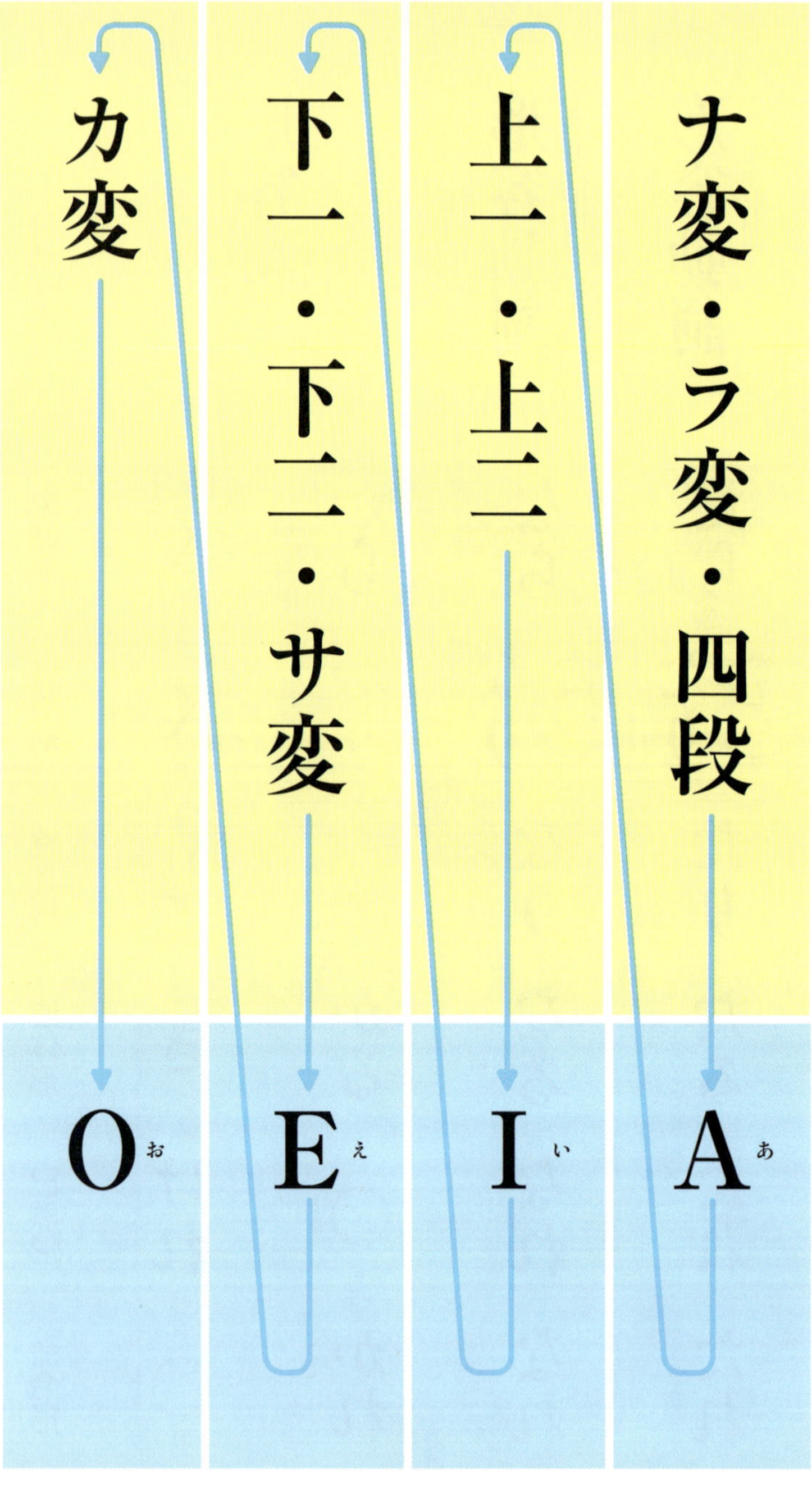
ナ変・ラ変・四段
A《あ》
上一・上二
I《い》
下一・下二・サ変
E《え》
カ変
O《お》

暗《あん》誦《しょう》動詞は

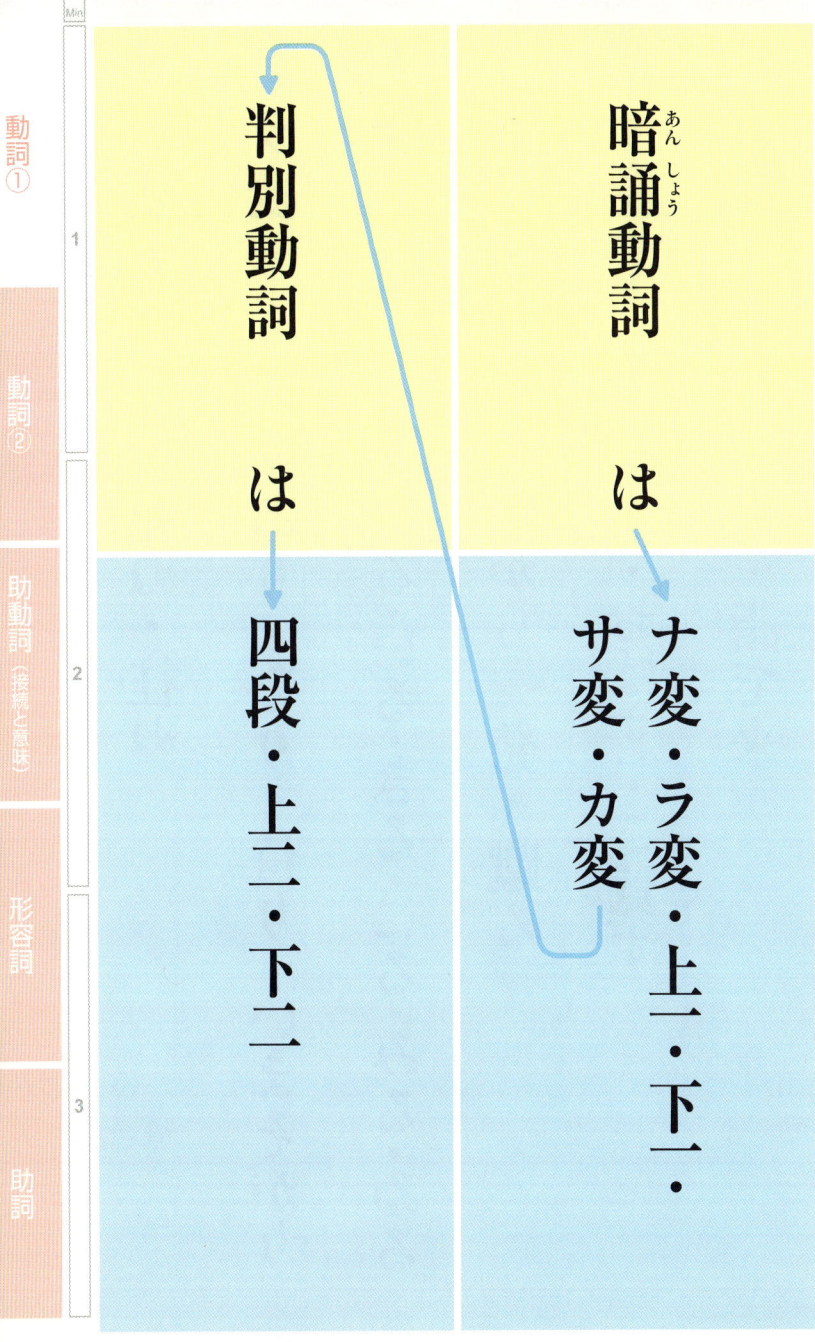

ナ変・ラ変・上一・下一・
サ変・カ変

判別動詞は

四段・上二・下二

ナ変	死《し》ぬ・往《い》ぬ
ラ変	あり・をり・侍《はべ》り・いまそがり
上一	ひる・いる・きる・にる・みる・ゐる
下一	下から一発 蹴《け》る
サ変	す・おはす・ご覧《らん》ず
カ変	来《く》・詣《もう》で来《く》

活用の種類	未然形	連用形	終止形	連体形	已然形	命令形
ナ変（ナ行変格活用）	な	に	ぬ	ぬる	ぬれ	ね
ラ変（ラ行変格活用）	ら	り	り	る	れ	れ
四段（四段活用）	A	I	U	U	E	E
上一（上一段活用）	I	I	Iru	Iru	Ire	Iyo
上二（上二段活用）	I	I	U	Uru	Ure	Iyo

活用の種類	未然形	連用形	終止形	連体形	已然形	命令形
下一（下一段活用）	け	け	ける	ける	けれ	けよ
下二（下二段活用）	E	E	U	Uru	Ure	Eyo
サ変（サ行変格活用）	せ	し	す	する	すれ	せよ
カ変（カ行変格活用）	こ	き	く	くる	くれ	こ
	こ	き	く	くる	くれ	こよ

A は ナラ四（ナ変・ラ変・四段）・未然形

Iyo は 上一・上二の命令形

Eyo は 下一・下二・サ変の命令形

Koyo は カ変の命令形

Uru ときたら 連体形

Ure ときたら 已然形

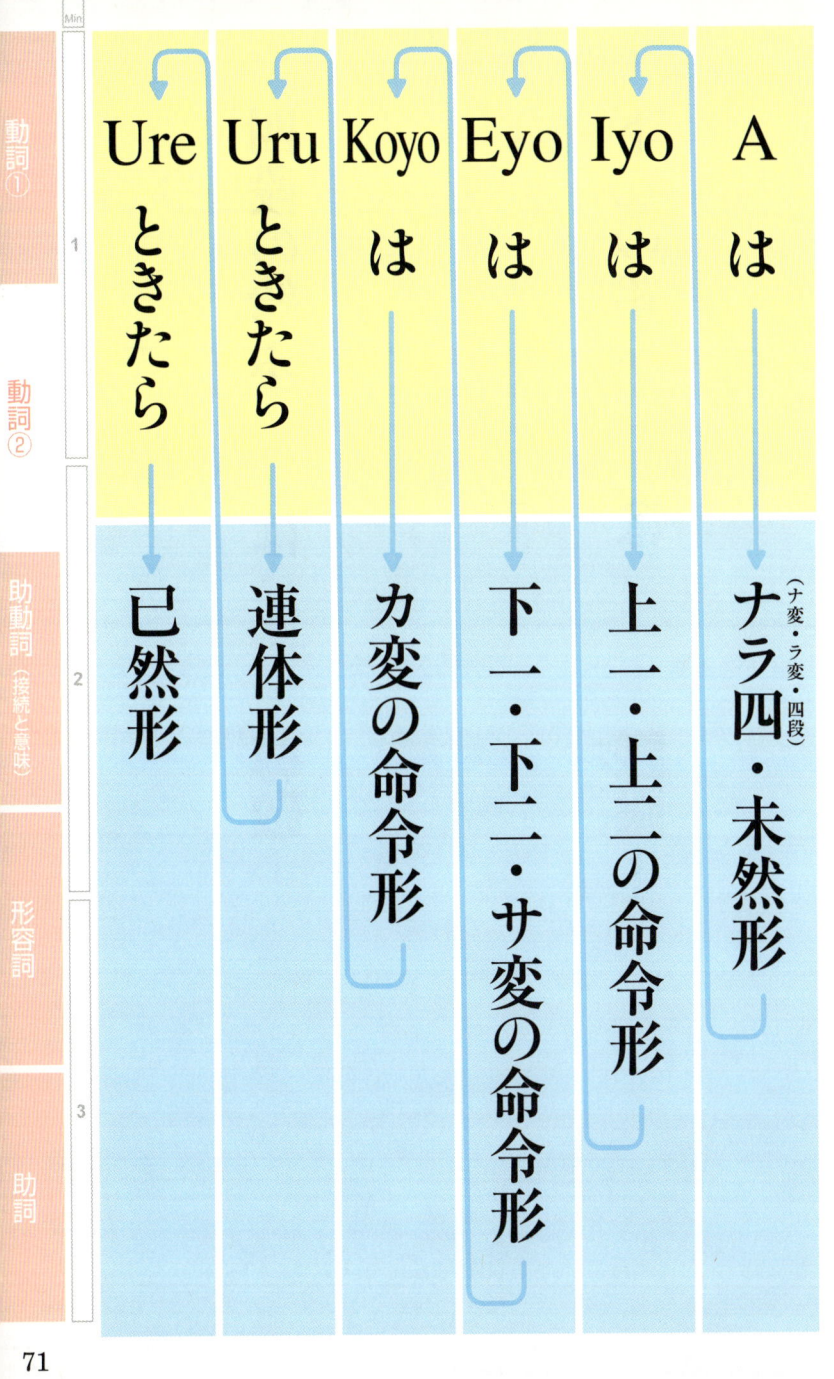

四段の給《たま》ふ

は

尊敬

下二の給《たま》ふ

は

謙《けん》譲《じょう》

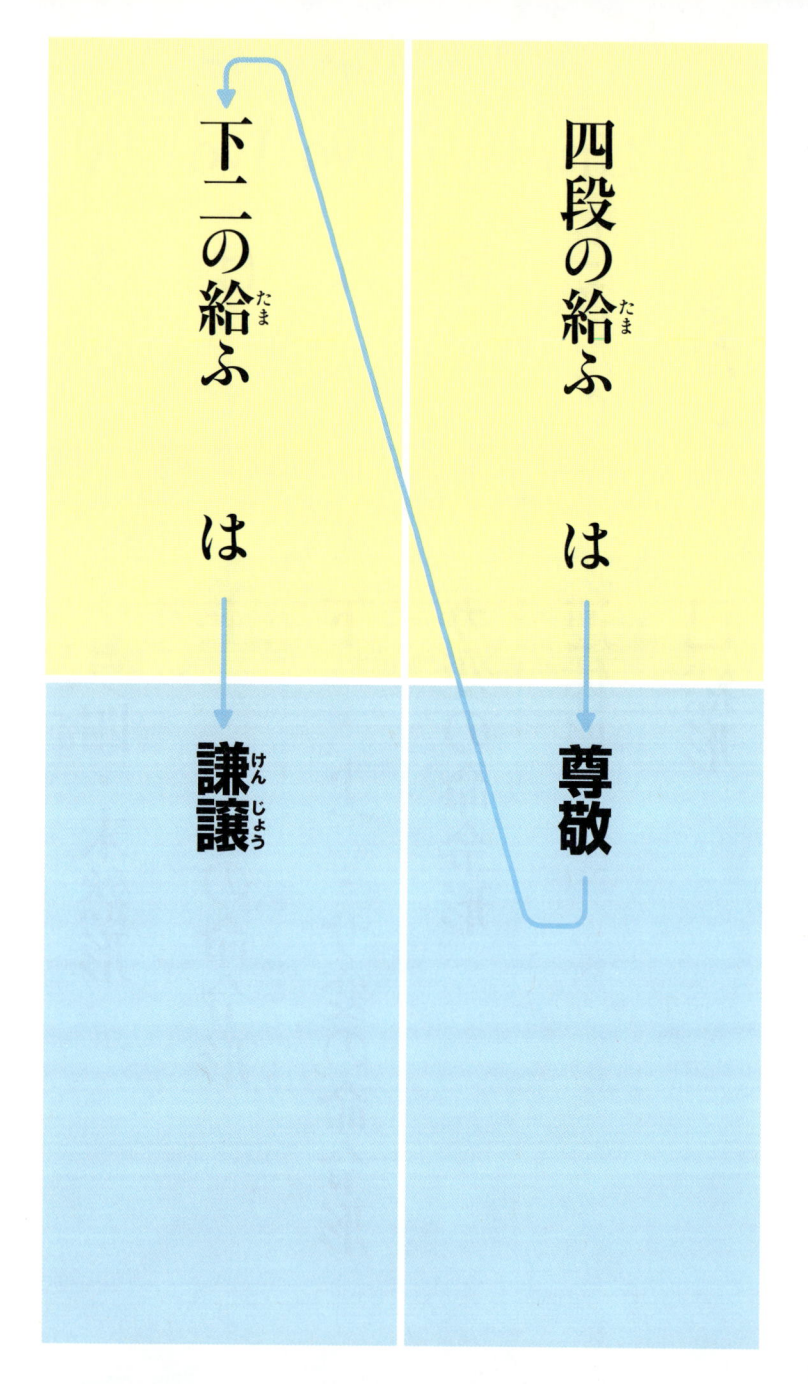

eりeる　は
完了

れ・ず、られ・ず　は
ほぼ不可能

る・す　は
ナラ四（ナ変・ラ変・四段）

す・さす・しむ　の単独使用　は
使役

名詞の上の「む・むず」は
仮定・婉曲《えんきょく》

会話、和歌の文末「む・むず」は
勧誘・意志になりやすい

会話、和歌の文末「けり」は
詠《えい》嘆《たん》に
なりやすい

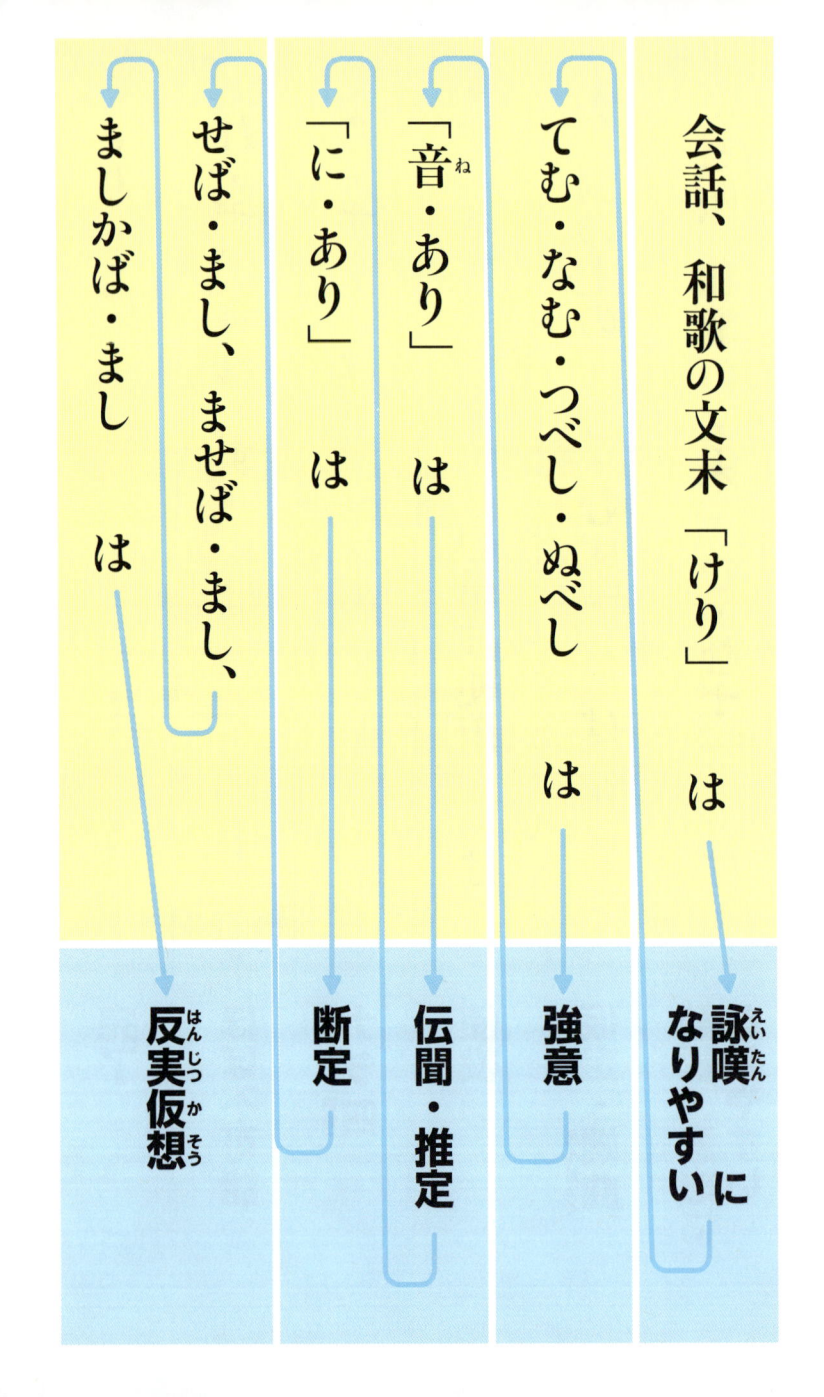

てむ・なむ・つべし・ぬべし　は
強意

「音《ね》・あり」は
伝聞・推定

「に・あり」は
断定

せば・まし、ませば・まし、
ましかば・まし　は
反《はん》実《じつ》仮《か》想《そう》

～からず

は

ク活用

～しからず

は

シク活用

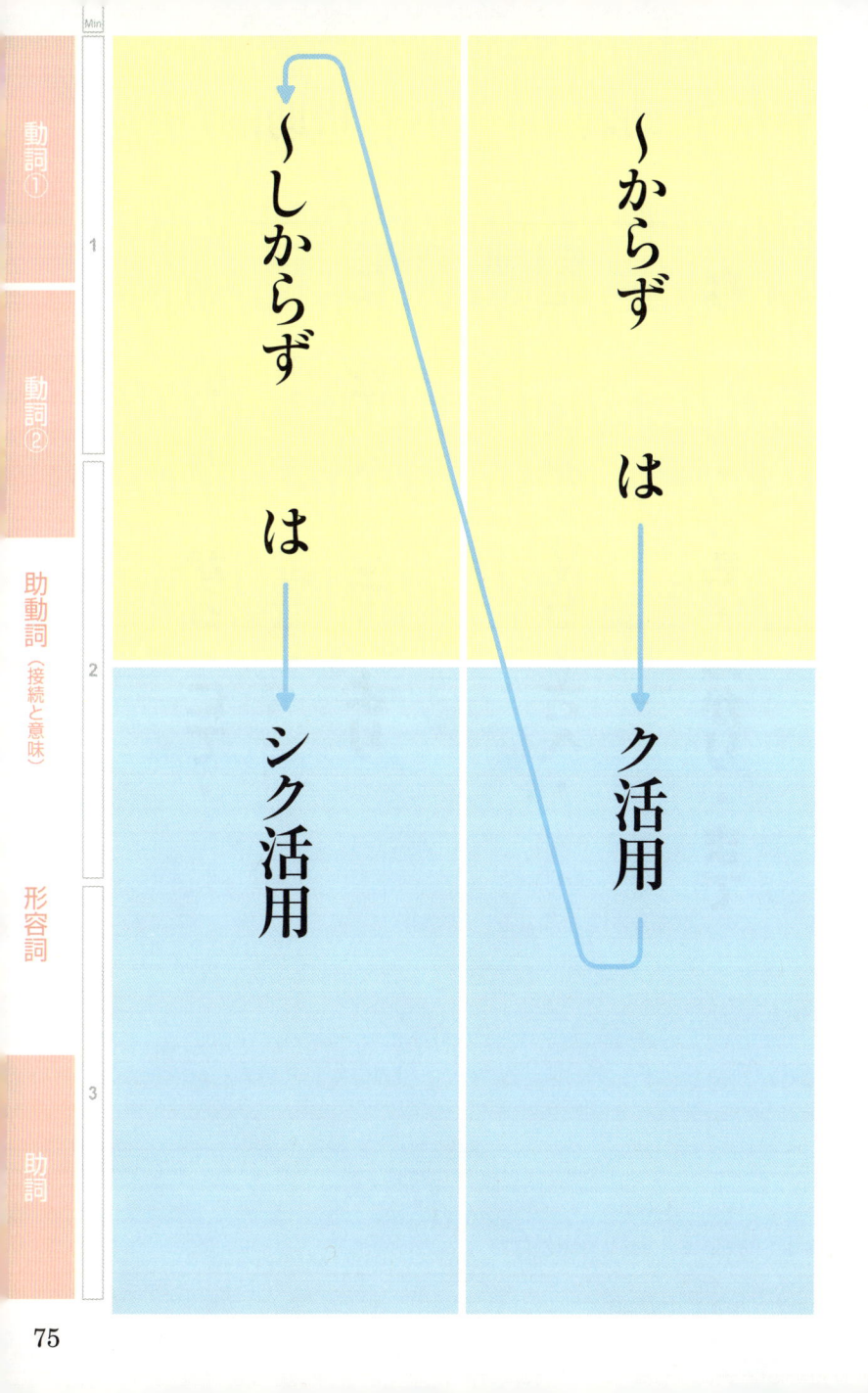

格助詞

と・の・が・から・にて・
に・を・へ・して・より

副助詞

だに・のみ・すら・さへ・
など・し・しも・ばかり・まで

係《かかり》助詞	ぞ・なむ・や・か・こそ・は・も
ぞ・なむ・や・か	連体形
こそ	已然形
ぞ・なむ・こそ・は・も	強意
や・か	疑問・反語
やは・かは	ほぼ反語
もぞ・もこそ　は	大変だ
こそ・已然、……　は	逆接

順仮（順接仮定）	順確（順接確定）	逆仮（逆接仮定）	逆確（逆接確定）	だには	さへは
未ば（未然形）	已ば（已然形）	終とも（終止形）	已ども（已然形）	さえ	まで

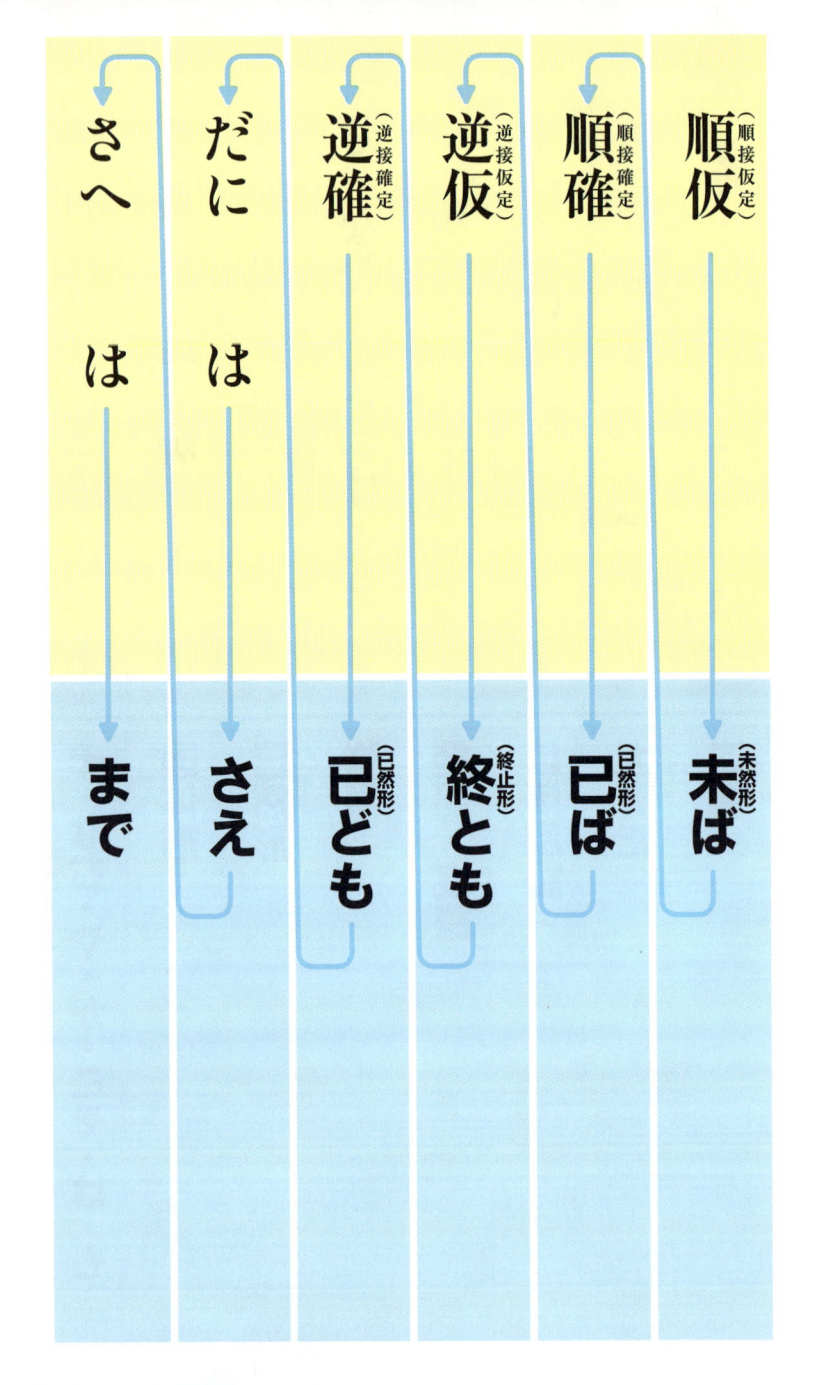

仮定・願望・命令・意志＋だに

せめてだけでも

ばや・てしがな・にしがな

したい

がな・もがな

してほしい

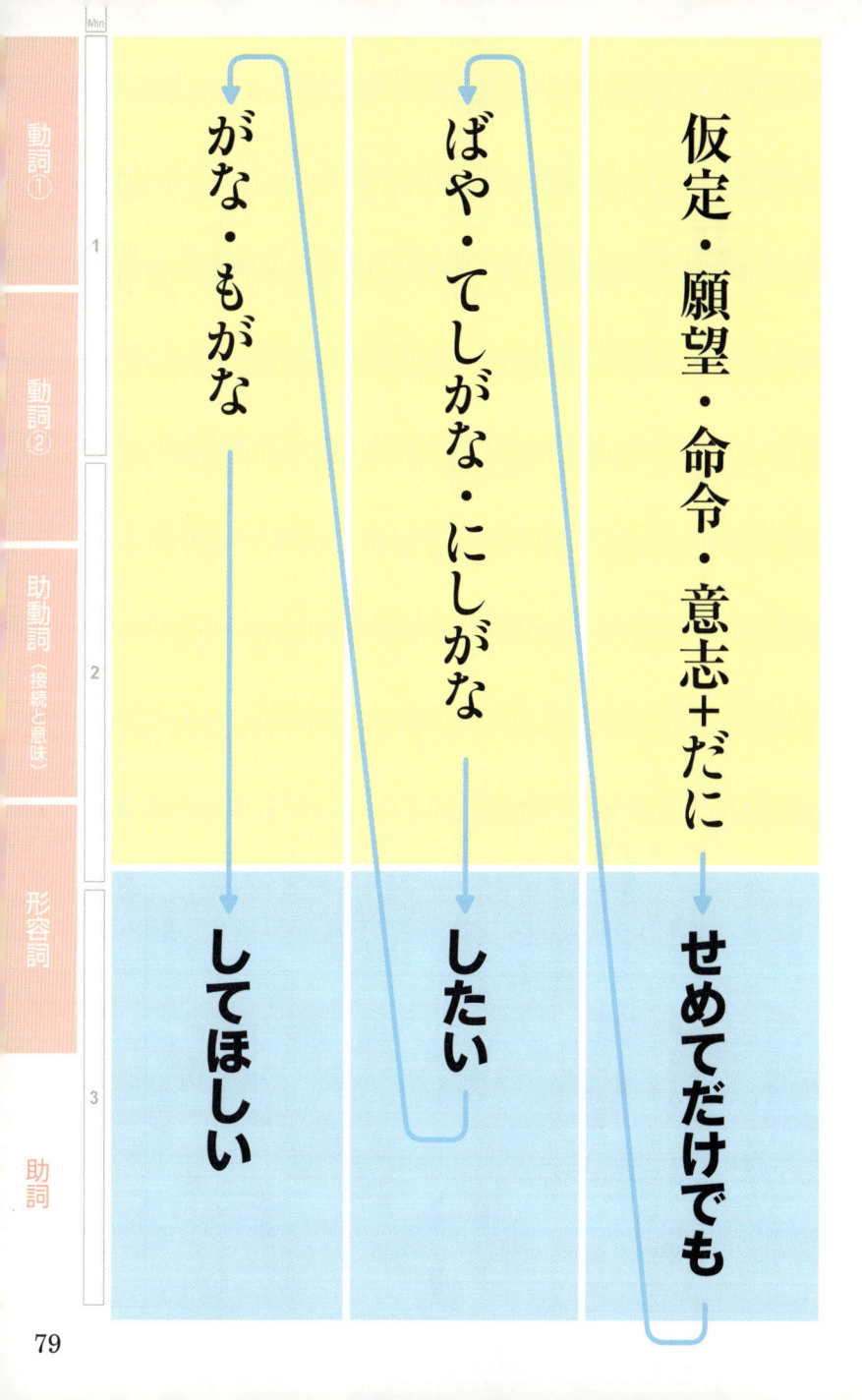

『1分間古典文法』〈Q&A〉 ※（　　）は、本書で取り上げられる問題番号

Q．「〜意味を答えよ」と「〜を訳せ」は、どう違うのですか？
A．「〜意味を答えよ」＝「断定」など、文法上の意味を答えてください。
「〜を訳せ」＝現代語訳を答えてください。

Q．「推定」と「推量」との違いは、何ですか？
A．「推定」＝何らかの根拠に基づいた考えのこと、
「推量」＝特に根拠のない想像や空想のこと、になります。

Q．助動詞の「形容詞型の活用」は、なぜ活用語尾（活用する部分）だけしか表示していないのですか？
A．理由は、ノリが悪くなり、覚えにくくなってしまうためです。
活用する部分だけで、覚えるようにしてください。

助動詞には、「まほし」「たし」「べし」「まじ」「ごとし（カリ活用は存在しない）」があります。

「形容詞型」＝「まほしたしべしまじごとし」と覚えましょう。

（例）まほし
〈ラップ〉

未然形	連用形	終止形	連体形	已然形	命令形
く	く	し	き	けれ	○
から	かり	○	かる	○	○

〈本来〉

未然形	連用形	終止形	連体形	已然形	命令形
まほしく	まほしく	まほし	まほしき	まほしけれ	○
まほしから	まほしかり	○	まほしかる	○	○

Q．「反実仮想」と「仮定」の違いが、わからないのですが？（問16・19・94・100・118・136）
A．「仮定」＝仮に考えること、
「反実仮想」＝現実とは反対のことを仮定すること、になります。

Q．「『活用の種類』を答えよ」と言われたら、どう答えるべきでしょうか？
A．動詞・助動詞の場合→○○活用△△形（問82・121〜123）
形容詞の場合　→ク活用・シク活用（問101・102）
形容動詞の場合　→ナリ活用・タリ活用（問179・180）　と答えてください。

Q．「♪れ・ず、られ・ず　は　ほぼ不可能」の「ほぼ」とは、どういうことですか？（問91）
A．下二段動詞「知る」＋「ず」＝「人知れず」のような例外ケースもごく稀《まれ》にあります。ただし、助動詞の「れ＋ず」「られ＋ず」は、ほぼ100％が「不可能」の意味になります。

Q．「仮定・婉曲」は、文脈によって「仮定」か「婉曲」かのどちらかを答えるべきですか？ それとも、「仮定・婉曲」と答えるべきですか？（問94）
A．これは、文脈でどちらかを判断することになります。「弱い推量」とも言われ、訳さなくてもよい場合があります。

Q．「♪てむ・なむ・つべし・ぬべし　は　強意」とありますが、「強意」と「強調」はどう違うのですか？（問97・145・157）
A．「強意」とは、「強調の大きさ」を総称したものです。例えば、係助詞「ぞ・なむ・こそ」とも比較しますと、「ぞ」＜「なむ」＜「こそ」＜「てむ・なむ・つべし・ぬべし」　の順で強調の度合いが強まります。

Q．「♪『に・あり』は断定」とありますが、「に」が断定なのですか？ 「あり」が断定なのですか？（問99）
A．助詞「に」＋動詞「あり」＝「なり」で断定です。入試で「にあり」を「である」と訳す時の「に」は、「断定」の助動詞「なり」の連用形「に」のことです。

Q．「♪や・か　疑問・反語」は、文脈によって「疑問」「反語」かのどちらかを答えるべきですか？ それとも、「疑問・反語」と答えるべきですか？（問108）
A．これは、文脈でどちらかを判断することになります。「強意」と間違えないようにしてください。

Q．「♪やは・かは　ほぼ反語」の「ほぼ」とは、どういうことですか？（問109）
A．「やは」「かは」は、ほとんどの場合が「反語」の意味です。「反語」で訳せない時は「〜であろうか」と「疑問」で訳してください。

ラップで覚える古典文法 ①

One Minute Tips to Master Japanese Classic Grammar 180

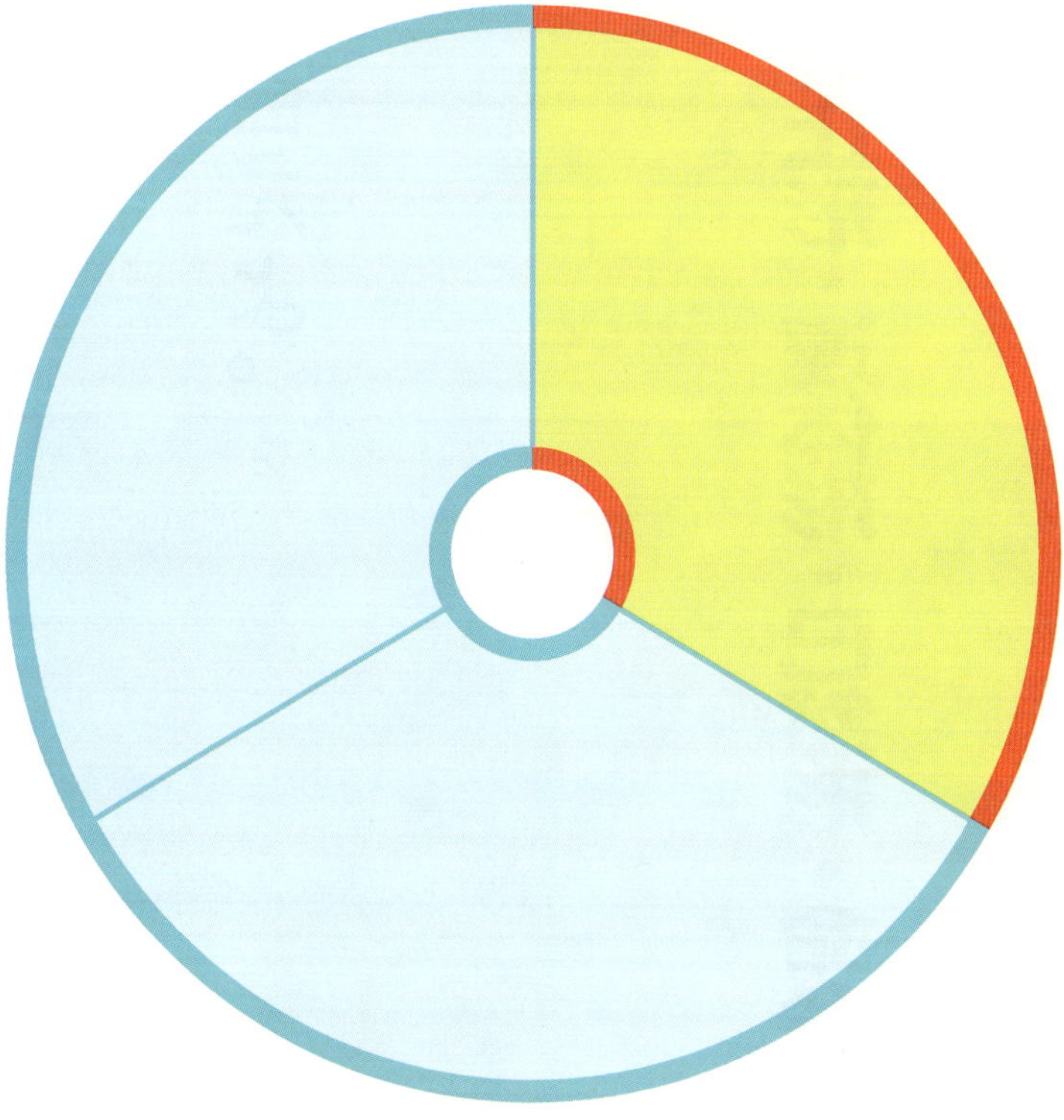

問1

活用の順番を答えよ。

解答

未然形・連用形・終止形・連体形・已《い》然《ぜん》形・命令形

♪ラップ

未然・連用・終止・連体・已然・命令

ポイント

古典では、仮定形が已然形となる

問2

未然形接続の助動詞をすべて答えよ。

解答

る・らる・す・さす・しむ・ず・む・むず・まし・じ・まほし

♪ラップ

る・らる・す・さす・しむ・ず・
む・むず・まし・じ・まほし

ポイント

ラップを覚えるだけ！

問3

連用形接続の助動詞をすべて答えよ。

解答

たし・き・けり・けむ・つ・ぬ・たり

♪ラップ

たし・き・けり・けむ・つ・ぬ・たり

ポイント

ラップを覚えるだけ！

問4

特《とく》殊《しゅ》形《けい》接続の助動詞をすべて答えよ。

解答

り

♪ラップ

り

ポイント

特殊形接続…未然形・已然形の両方に接続する
特殊な接続のこと（問37参照）

問5

終止形接続の助動詞をすべて答えよ。

解答

らむ・べし・らし・めり・まじ・なり

♪ラップ

らむ・べし・らし・めり・まじ・なり

ポイント

「なり」には、「伝聞・推定」と「断定」がある！
終止形接続の「なり」＝「伝聞・推定」
連体形接続の「なり」＝「断定」

問6

連体形接続の助動詞をすべて答えよ。

解答

なり・たり・ごとし

♪ラップ

なり・たり・ごとし

ポイント

「なり」には、「伝聞・推定」と「断定」がある！

連体形接続の「なり」＝「断定」

問7

助動詞「る・らる」の意味を答えよ。

解答

受身・尊敬・自発・可能

♪ラップ

る・らる＝受身・尊敬・自発・可能

ポイント

受身（〜される）

尊敬（〜なさる）

自発（〈自然と〉〜される）

可能（〜できる）

問8

「受身・尊敬・自発・可能」の助動詞「る」の活用をすべて答えよ。

解答

未然形	連用形	終止形	連体形	已然形	命令形
れ	**れ**	**る**	**るる**	**るれ**	**れよ**

♪ラップ

れ・れ・る・るる・るれ・れよ

ポイント

ラップを覚えるだけ！

問9

「受身・尊敬・自発・可能」の助動詞「らる」の活用をすべて答えよ。

解答

未然形	連用形	終止形	連体形	已然形	命令形
られ	られ	らる	らるる	らるれ	られよ

♪ラップ

られ・られ・らる・らるる・らるれ・られよ

ポイント

ラップを覚えるだけ！

問 10

助動詞「す・さす・しむ」の意味を答えよ。

解答

使《し》役《えき》・尊敬

♪ラップ

す・さす・しむ＝使《し》役《えき》・尊敬

ポイント

使役（〜させる）
尊敬（〜なさる）

問11

「使役・尊敬」の助動詞「す」の活用をすべて答えよ。

解答

未然形	連用形	終止形	連体形	已然形	命令形
せ	**せ**	**す**	**する**	**すれ**	**せよ**

♪ラップ

せ・せ・す・する・すれ・せよ

ポイント

ラップを覚えるだけ！

問12

「使役・尊敬」の助動詞「さす」の活用をすべて答えよ。

解答

未然形	連用形	終止形	連体形	已然形	命令形
させ	**させ**	**さす**	**さする**	**さすれ**	**させよ**

♪ラップ

させ・させ・さす・さする・さすれ・させよ

ポイント

ラップを覚えるだけ！

問13

「使役・尊敬」の助動詞「しむ」の活用をすべて答えよ。

解答

未然形	連用形	終止形	連体形	已然形	命令形
しめ	**しめ**	**しむ**	**しむる**	**しむれ**	**しめよ**

♪ラップ

しめ・しめ・しむ・しむる・しむれ・しめよ

ポイント

ラップを覚えるだけ！

問 14

助動詞「ず」の意味を答えよ。

解答

打消

♪ラップ

ず＝打消

ポイント

打消（〜ない）

問15

「打消」の助動詞「ず」の活用をすべて答えよ。

解答

未然形	連用形	終止形	連体形	已然形	命令形
(ず)	ず	ず	ぬ	ね	○
ざら	ざり	○	ざる	ざれ	ざれ

♪ラップ

（ず）・ず・ず・ぬ・ね・〇《まる》
ざら・ざり・〇《まる》・ざる・ざれ・ざれ

ポイント

〇《まる》…活用形が存在しない

問16

助動詞「む・むず」の意味を答えよ。

解答

推量・意志・仮定・適当・婉《えん》曲《きょく》・勧誘

♪ラップ

む・むず＝推量・意志・仮定・適当・婉《えん》曲《きょく》・勧誘

ポイント

推量（～だろう）
意志（～するつもりだ）
仮定（～としたら）
適当（～がよい）
婉曲（～のような）
勧誘（～しませんか）

問 17

「推量・意志・仮定・適当・婉曲・勧誘」の助動詞「む」の活用をすべて答えよ。

解答

未然形	連用形	終止形	連体形	已然形	命令形
ま	○	**む**	**む**	**め**	○

♪ラップ

ま・○《まる》・む・む・め・○《まる》

ポイント

ラップを覚えるだけ！

問 18

「推量・意志・仮定・適当・婉曲・勧誘」の助動詞「むず」の活用をすべて答えよ。

解答

未然形	連用形	終止形	連体形	已然形	命令形
○	○	**むず**	**むずる**	**むずれ**	○

♪ラップ

○《まる》・○《まる》・むず・むずる・むずれ・○《まる》

ポイント

ラップを覚えるだけ！

問 19

助動詞「まし」の意味を答えよ。

解答

反実仮想・願望・ためらいの気《き》持《もち》

♪ラップ

まし＝反実仮想・願望・ためらいの気《き》持《もち》

ポイント

反実仮想（もし～だったら、…だろうに）
願望（～したい）
ためらいの気《き》持《もち》（～しようかしら）

問 20

「反実仮想・願望・ためらいの気《き》持《もち》」の助動詞「まし」の活用をすべて答えよ。

解答

未然形	連用形	終止形	連体形	已然形	命令形
(ませ)	○	まし	まし	ましか	○

♪ラップ

（ませ）・○《まる》・まし・まし・ましか・○《まる》

ポイント

ラップを覚えるだけ！

問21

助動詞「じ」の意味を答えよ。

解答

打消推量・打消意志

♪ラップ

じ＝打消推量・打消意志

ポイント

打消推量（〜ないだろう）
打消意志（〜しないつもりだ）

問 22

「打消推量・打消意志」の助動詞「じ」の活用をすべて答えよ。

解答

未然形	連用形	終止形	連体形	已然形	命令形
○	○	**じ**	**じ**	**じ**	○

♪ラップ

○《まる》・○《まる》・じ・じ・じ・○《まる》

ポイント

ラップを覚えるだけ！

問23

助動詞「まほし」の意味を答えよ。

解答

希望

♪ラップ

まほし＝希望

ポイント

希望（〜したい）

問 24

「希望」の助動詞「まほし」の活用をすべて答えよ。

解答

未然形	連用形	終止形	連体形	已然形	命令形
く	く	し	き	けれ	○
から	かり	○	かる	○	○

♪ラップ

く・く・し・き・けれ・○《まる》

から・かり・○《まる》・かる・○《まる》・○《まる》

ポイント

ラップを覚えるだけ！

問25

助動詞「たし」の意味を答えよ。

解答

希望

♪ラップ

たし＝希望

ポイント

希望（～したい）

問26

「希望」の助動詞「たし」の活用をすべて答えよ。

解答

未然形	連用形	終止形	連体形	已然形	命令形
く	く	し	き	けれ	○
から	かり	○	かる	○	○

♪ラップ

く・く・し・き・けれ・○《まる》
から・かり・○《まる》・かる・○《まる》・○《まる》

ポイント

ラップを覚えるだけ！

問27

助動詞「き・けり」の意味を答えよ。

解答

き＝直接過去

けり＝間接過去・詠《えい》嘆《たん》

♪ラップ

き＝直接過去、
けり＝間接過去・詠《えい》嘆《たん》

ポイント

直接過去＝話者の直接体験した過去
間接過去＝話者の体験していない過去
詠嘆（〜だなあ）

問28

「直接過去」の助動詞「き」の活用をすべて答えよ。

解答

未然形	連用形	終止形	連体形	已然形	命令形
（せ）	○	き	し	しか	○

♪ラップ

（せ）・○《まる》・き・し・しか・○《まる》

ポイント

ラップを覚えるだけ！

問29

「間接過去・詠嘆」の助動詞「けり」の活用をすべて答えよ。

解答

未然形	連用形	終止形	連体形	已然形	命令形
（けら）	○	けり	ける	けれ	○

♪ラップ

（けら）・○《まる》・けり・ける・けれ・○《まる》

ポイント

ラップを覚えるだけ！

問30

助動詞「けむ」の意味を答えよ。

解答

過去推量・伝聞・婉曲

♪ラップ

けむ＝過去推量・伝聞・婉曲

ポイント

過去推量（〜だっただろう）

伝聞（〜だそうだ）

婉曲（〜だったようだ）

問 31

「過去推量・伝聞・婉曲」の助動詞「けむ」の活用をすべて答えよ。

解答

未然形	連用形	終止形	連体形	已然形	命令形
○	○	**けむ**	**けむ**	**けめ**	○

♪ラップ

○《まる》・○《まる》・けむ・けむ・けめ・○《まる》

ポイント

ラップを覚えるだけ！

問32

助動詞「つ・ぬ」の意味を答えよ。

解答

完了・強意

♪ラップ

つ・ぬ＝完了・強意

ポイント

完了（〜した）
強意（きっと〜だ）

問33

助動詞「たり」（連用形接続）の意味を答えよ。

解答

完了・存《そん》続《ぞく》

♪ラップ

たり＝完了・存《そん》続《ぞく》

ポイント

完了（～した）
存続（～している）

問34

「完了・強意」の助動詞「つ」の活用をすべて答えよ。

解答

未然形	連用形	終止形	連体形	已然形	命令形
て	て	つ	つる	つれ	てよ

♪ラップ

て・て・つ・つる・つれ・てよ

ポイント

ラップを覚えるだけ！

問35

「完了・強意」の助動詞「ぬ」の活用をすべて答えよ。

解答

未然形	な
連用形	に
終止形	ぬ
連体形	ぬる
已然形	ぬれ
命令形	ね

♪ラップ

な・に・ぬ・ぬる・ぬれ・ね

ポイント

ラップを覚えるだけ!

問36

「完了・存続」の助動詞「たり」の活用をすべて答えよ。

解答

未然形	連用形	終止形	連体形	已然形	命令形
たら	**たり**	**たり**	**たる**	**たれ**	**たれ**

♪ラップ

たら・たり・たり・たる・たれ・たれ

ポイント

ラップを覚えるだけ！

問37

「完了・存続」の助動詞「り」の接続を答えよ。

解答

サ行変格活用の未然形

四段活用の已然形

♪ラップ

官僚（完了）の李《り》は、さみしい

ポイント

「さみしい」と出てきたら

さ＝サ行変格活用―み＝未然形

し＝四段活用――い＝已然形

の略！

問38

助動詞「り」の意味を答えよ。

解答

完了・存続

♪ラップ

り＝完了・存続

ポイント

完了（〜した）
存続（〜している）

問39

「完了・存続」の助動詞「り」の活用をすべて答えよ。

解答

未然形	連用形	終止形	連体形	已然形	命令形
ら	り	り	る	れ	れ

♪ラップ

ら・り・り・る・れ・れ

ポイント

接続（さみしい）に注意！

問40

終止形接続の助動詞は、ラ行変格活用の時だけは何形に接続するか。

解答

連体形

♪ラップ

終止形接続の助動詞
ラ変の時だけ連体形

ポイント

(例) ラ変「あり」→ あるべし

ある：連体形
べし：推量の助動詞

（あるだろう）

問41

助動詞「らむ」の意味を答えよ。

解答

現在推量

♪ラップ

らむ＝現在推量

ポイント

現在推量（〜しているのだろう）

※「らむ」には、現在の原因推量（どうして〜なのだろう？）もある

問42

「現在推量」の「らむ」の活用をすべて答えよ。

解答

活用形	
未然形	○
連用形	○
終止形	**らむ**
連体形	**らむ**
已然形	**らめ**
命令形	○

♪ラップ

○《まる》・○《まる》・らむ・らむ・らめ・○《まる》

ポイント

ラップを覚えるだけ！

問43

助動詞「べし」の意味を答えよ。

解答

推量・意志・可能・当然・命令・適当

♪ラップ

べし＝推量・意志・可能・当然・命令・適当

ポイント

推量（〜だろう）
意志（〜するつもりだ）
可能（〜できる）
当然（〜べきである）
命令（〜しなさい）
適当（〜がよい）

問44

「推量・意志・可能・当然・命令・適当」の助動詞「べし」の活用をすべて答えよ。

解答

未然形	連用形	終止形	連体形	已然形	命令形
く	く	し	き	けれ	○
から	かり	○	かる	○	○

♪ラップ

く・く・し・き・けれ・○《まる》

から・かり・○《まる》・かる・○《まる》・○《まる》

ポイント

ラップを覚えるだけ！

問45

助動詞「らし」の意味を答えよ。

解答

推定

♪ラップ

らし＝推定

ポイント

推定（〜らしい）

問46

助動詞「めり」の意味を答えよ。

解答

推定・婉曲

♪ラップ

めり＝推定・婉曲

ポイント

推定（〈目前の事実について〉〜ようだ）

婉曲（〜のようだ）

問47

「推定」の助動詞「らし」の活用をすべて答えよ。

解答

未然形	連用形	終止形	連体形	已然形	命令形
○	○	**らし**	**らし**	**らし**	○

♪ラップ

○《まる》・○《まる》・らし・らし・らし・○《まる》

ポイント

ラップを覚えるだけ！

問48

「推定・婉曲」の助動詞「めり」の活用をすべて答えよ。

解答

未然形	連用形	終止形	連体形	已然形	命令形
○	○	**めり**	**める**	**めれ**	○

♪ラップ

○《まる》・○《まる》・めり・める・めれ・○《まる》

ポイント

ラップを覚えるだけ！

問49

助動詞「まじ」の意味を答えよ。

解答

打消推量・打消意志・打消当然・不可能・禁止

♪ラップ

まじ＝打消推量・打消意志・打消当然・不可能・禁止

ポイント

打消推量（〜ないだろう）
打消意志（〜しないつもりだ）
打消当然（〜べきではない）
不可能（〜できない）
禁止（〜するな）

問50

「打消推量・打消意志・打消当然・不可能・禁止」の助動詞「まじ」の活用をすべて答えよ。

解答

未然形	連用形	終止形	連体形	已然形	命令形
く	く	し	き	けれ	○
から	かり	○	かる	○	○

♪ラップ

く・く・し・き・けれ・○《まる》

から・かり・○《まる》・かる・○《まる》・○《まる》

ポイント

ラップを覚えるだけ！

問 51

助動詞「なり」（終止形接続）の意味を答えよ。

解答

伝聞・推定

♪ラップ

なり＝伝聞・推定

ポイント

伝聞（〜という）

推定（〈聞いたところ〉〜ようだ）

問52

「伝聞・推定」の助動詞「なり」の活用をすべて答えよ。

解答

未然形	連用形	終止形	連体形	已然形	命令形
なら	**なり**	**なり**	**なる**	**なれ**	**なれ**

♪ラップ

なら・なり・なり・なる・なれ・なれ

ポイント

ラップを覚えるだけ！

問53

助動詞「なり・たり」（連体形接続）の意味を答えよ。

解答

断定

♪ラップ

なり＝断定
たり＝断定

ポイント

断定（〜である）

問54

「断定」の助動詞「なり」の活用をすべて答えよ。

解答

未然形	連用形	終止形	連体形	已然形	命令形
なら	なり に	なり	なる	なれ	なれ

♪ラップ

なら・なり・なり・なる・なれ・なれ
に

ポイント

ラップを覚えるだけ！

問55

「断定」の助動詞「たり」の活用をすべて答えよ。

解答

未然形	連用形	終止形	連体形	已然形	命令形
たら	たり と	たり	たる	たれ	たれ

♪ラップ

たら・たり・たり・たる・たれ・たれ
と

ポイント

ラップを覚えるだけ！

問56

助動詞「ごとし」の意味を答えよ。

解答

比《ひ》況《きょう》・同《どう》一《いつ》・例《れい》示《じ》

♪ラップ

ごとし＝比況《ひきょう》・同一《どういつ》・例示《れいじ》

ポイント

比況（まるで～のようだ）
同一（～の通りだ）
例示（例えば～のようだ）

問 57

「比況・同一・例示」の助動詞「ごとし」の活用をすべて答えよ。

解答

未然形	連用形	終止形	連体形	已然形	命令形
く	く	し	き	けれ	○

♪ラップ

く・く・し・き・けれ・○《まる》

ポイント

ラップを覚えるだけ！

問58

形容詞の活用をすべて答えよ。

解答

未然形	連用形	終止形	連体形	已然形	命令形
く	く	し	き	けれ	○
から	かり	○	かる	○	かれ

♪ラップ

く・く・し・き・けれ・○《まる》
から・かり・○《まる》・かる・○《まる》・かれ

ポイント

ラップを覚えるだけ！

問59

形容動詞ナリ活用の活用を答えよ。

解答

未然形	連用形	終止形	連体形	已然形	命令形
なら	**なり（に）**	**なり**	**なる**	**なれ**	**なれ**

♪ラップ

なら・なり（に）・なり・なる・なれ・なれ

ポイント

ラップを覚えるだけ！

問60

形容動詞タリ活用の活用を答えよ。

解答

活用形	活用
未然形	たら
連用形	たり（と）
終止形	たり
連体形	たる
已然形	たれ
命令形	たれ

♪ラップ

たら・たり（と）・たり・たる・たれ・たれ

ポイント

ラップを覚えるだけ！

1分経過チェックシート

目指せ！60回復習 1

50	35	20	5
55	40	25	10
60	45	30	15

目指せ！60回復習 2

50	35	20	5
55	40	25	10
60	45	30	15

目指せ！60回復習 3

50	35	20	5
55	40	25	10
60	45	30	15

目指せ！60回復習 4

50	35	20	5
55	40	25	10
60	45	30	15

目指せ！60回復習 5

50	35	20	5
55	40	25	10
60	45	30	15

目指せ！60回復習 6

50	35	20	5
55	40	25	10
60	45	30	15

目指せ！60回復習 7

50	35	20	5
55	40	25	10
60	45	30	15

目指せ！60回復習 8

50	35	20	5
55	40	25	10
60	45	30	15

ラップで覚える古典文法

②

One Minute Tips to Master Japanese Classic Grammar 180

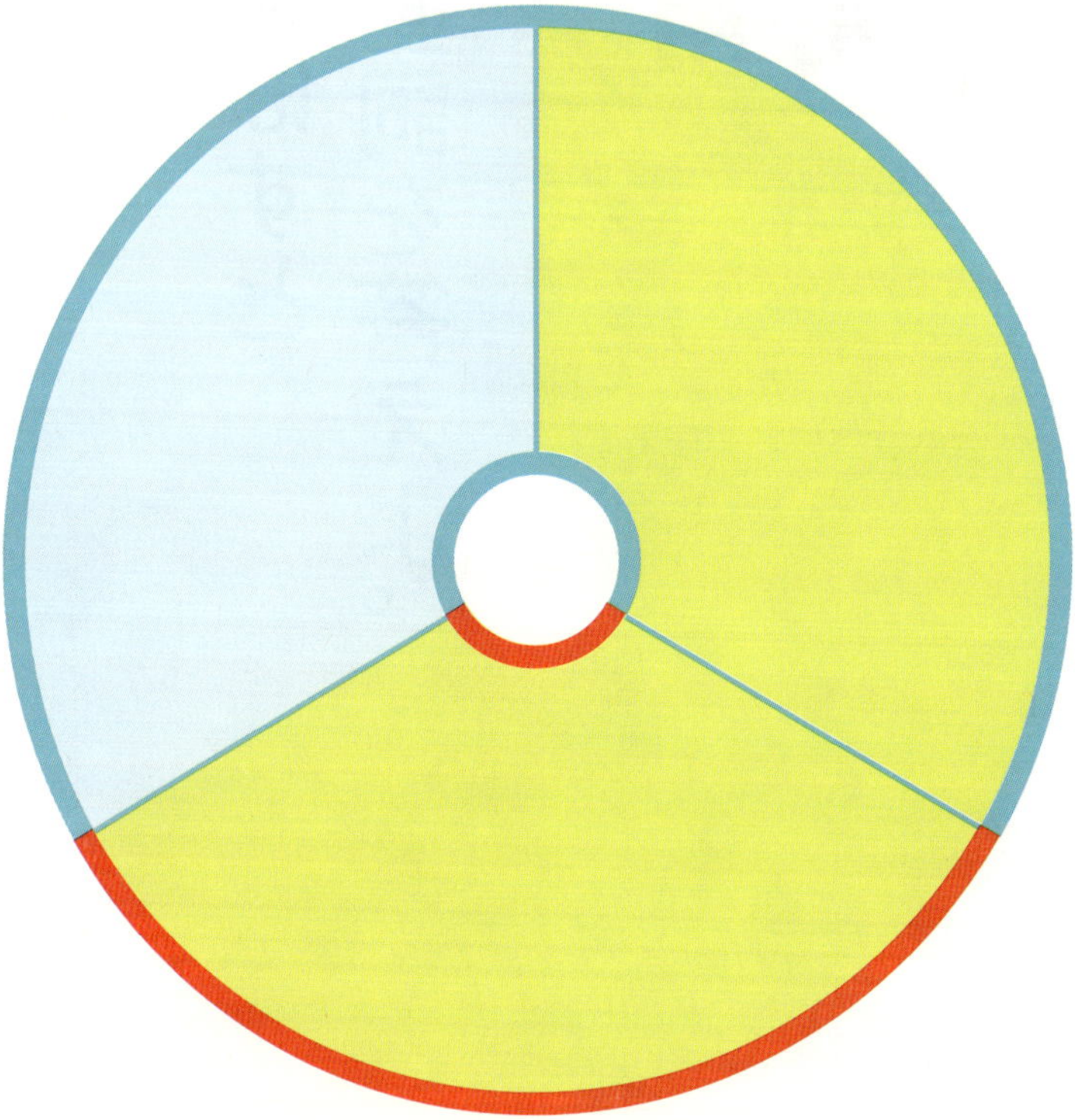

問61

未然形にした時、
最後の音を伸ばすと
【A《あ》】になる動詞を答えよ。

解答

ナ行変《へん》格《かく》活用
ラ行変《へん》格《かく》活用
四段活用

♪ラップ

ナ変ラ変四段　【A《あ》】

ポイント

ナ行変格活用＝「ナ変」
ラ行変格活用＝「ラ変」と略して覚える！
四段活用＝「四段」

問62

未然形にした時、
最後の音を伸ばすと
【I《い》】になる動詞を答えよ。

解答

上《かみ》一《いち》段《だん》活用
上《かみ》二《に》段《だん》活用

♪ラップ

上《かみ》一《いち》・上《かみ》二《に》【イ《い》】

ポイント

上一段活用＝「上一」

上二段活用＝「上二」と略して覚える！

問63

未然形にした時、最後の音を伸ばすと【E《え》】になる動詞を答えよ。

解答

下《しも》一《いち》段《だん》活用

下《しも》二《に》段《だん》活用

サ行変格活用

♪ラップ

下《しも》一《いち》・下《しも》二《に》・サ変【E《え》】

ポイント

下一段活用＝「下一」
下二段活用＝「下二」と略して覚える！
サ行変格活用＝「サ変」

問 64

未然形にした時、
最後の音を伸ばすと
【〇《お》】になる動詞を答えよ。

解答

カ行変《へん》格《かく》活用

♪ラップ

カ変【〇《お》】

ポイント

カ行変格活用＝「カ変」と略して覚える！

問65

暗《あん》誦《しょう》する動詞の種類をすべて答えよ。

解答

ナ変・ラ変・上一・下一・サ変・カ変

♪ラップ

暗《あん》誦《しょう》動詞はナ変・ラ変・上一・下一・サ変・カ変

ポイント

暗誦動詞…種類が限られ、ラップ&暗誦で暗記できる動詞

問66

暗《あん》誦《しょう》せずに判別する動詞の種類をすべて答えよ。

解答

四段・上二・下二

♪ラップ

判別動詞は四段・上二・下二

ポイント

判別動詞…種類が多数あり、動詞の下に
「ず」を入れて判別する動詞

問67

ナ変動詞をすべて答えよ。

解答

死ぬ・往《い》ぬ

♪ラップ

「ナ変」死ぬ・往《い》ぬ

ポイント

往《い》ぬ（行ってしまう）と同様、「去《い》ぬ（去る）」もナ変動詞！

問68

ラ変動詞をすべて答えよ。

解答

あり・をり・侍《はべ》り・いまそがり

♪ラップ

「ラ変」

あり・をり・侍《はべ》り・いまそがり

ポイント

侍《はべ》り（ございます）＝丁寧

いまそがり（いらっしゃる）＝尊敬

問 69

主要な上一段動詞を答えよ。

解答

ひる・いる・きる・にる・みる・ゐる

♪ラップ

「上《かみ》一《いち》」　ひる・いる・きる・にる・みる・ゐる

ポイント

「顧《かへり》みる」「もちゐる」など、上に言葉が付加されることがある！

問 70

下一段動詞をすべて答えよ。

解答

蹴る

♪ラップ

「下《しも》一《いち》」下から一発蹴る

ポイント

下一段動詞は「蹴る」一語のみ!

問 71

主要なサ変動詞を答えよ。

解答

す・おはす・ご覧《らん》ず

♪ラップ

「サ変」　す・おはす・ご覧ず

ポイント

サ変動詞の基本は「す」
「愛す」「心す」「勉励《べんれい》す」「念ず」「信ず」なども、
サ変動詞！

問 72

主要なカ変動詞を答えよ。

解答

来《く》・詣《まう》で来《く》

♪ラップ

「カ変」　来《く》・詣《まう》で来《く》

ポイント

カ変動詞の基本は「く」
「寄《よ》り来」「出で来」「訪ね来」なども、カ変動詞！

問73

ナ行変格活用の活用をすべて答えよ。

解答

未然形	連用形	終止形	連体形	已然形	命令形
な	に	ぬ	ぬる	ぬれ	ね

♪ラップ

「ナ変」 な・に・ぬ・ぬる・ぬれ・ね

ポイント

ラップを覚えるだけ！

問74

ラ行変格活用の活用をすべて答えよ。

解答

未然形	連用形	終止形	連体形	已然形	命令形
ら	り	り	る	れ	れ

♪ラップ

「ラ変」　ら・り・り・る・れ・れ

ポイント

ラップを覚えるだけ！

問75

四段活用の活用をすべて答えよ。

解答

未然形	A
連用形	I
終止形	U
連体形	U
已然形	E
命令形	E

♪ラップ

「四段」　A・I・U・U・E・E

ポイント

〔判別動詞〕…動詞に「ず」を付けて判別（ア行）
ナ変・ラ変以外は四段活用

(例)　勝つ＋ず＝勝た《ア行》ず

問 76

上一段動詞の活用をすべて答えよ。

解答

未然形	I
連用形	I
終止形	Iru
連体形	Iru
已然形	Ire
命令形	Iyo

♪ラップ

「上二」

I・I・Iru・Iru・Ire・Iyo

ポイント

〈判別動詞〉…動詞に「ず」を付けて判別（イ行）

「ひる・いる・きる・にる・みる・ゐる」

(例) 似る＋ず＝似《イ行》ず

問77

上二段動詞の活用をすべて答えよ。

解答

未然形	I
連用形	I
終止形	U
連体形	Uru
已然形	Ure
命令形	Iyo

♪ラップ

「上二」 I・I・U・Uru・Ure・Iyo

ポイント

〔判別動詞〕…動詞に「ず」を付けて判別（イ行）
上一段以外は上二段活用

⑷例⑷ 起く＋ず＝起き《イ行》ず

問78

下一段動詞の活用をすべて答えよ。

解答

未然形	連用形	終止形	連体形	已然形	命令形
け	け	ける	ける	けれ	けよ

♪ラップ

「下二」け・け・ける・ける・けれ・けよ

ポイント

ラップを覚えるだけ！

問 79

下二段動詞の活用をすべて答えよ。

解答

未然形	E
連用形	E
終止形	U
連体形	Uru
已然形	Ure
命令形	Eyo

♪ラップ

「下二」 E・E・U・Uru・Ure・Eyo

ポイント

〔判別動詞〕…動詞に「ず」を付けて判別（エ行）

サ変・下一段以外は下二段活用

㈹ 受く＋ず＝受け《エ行》ず

問80

サ行変格活用の活用をすべて答えよ。

解答

未然形	連用形	終止形	連体形	已然形	命令形
せ	し	す	する	すれ	せよ

♪ラップ

「サ変」 せ・し・す・する・すれ・せよ

ポイント

ラップを覚えるだけ！

問81

カ行変格活用の活用をすべて答えよ。

解答

未然形	連用形	終止形	連体形	已然形	命令形
こ	き	く	くる	くれ	こ（こよ）

♪ラップ

「カ変」　こ・き・く・くる・くれ・こ

または　こ・き・く・くる・くれ・こよ

ポイント

ラップを覚えるだけ！

問 82

「読まず」の「読ま」の活用の種類を答えよ。

解答

四段活用・未然形

♪ラップ

A《あ》は ナラ四《（ナ変・ラ変・四段）》・未然形

ポイント

〔判別動詞〕…ナ変・ラ変以外は四段活用

読ま《ア行》ず

未然形	連用形	終止形	連体形	已然形	命令形
ま	み	む	む	め	め

問83

「見よ」の活用形を答えよ。

解答

命令形

♪ラップ

Iyoは上一・上二の命令形

ポイント

♪上一　ひる・いる・きる・にる・みる・ゐる

見よ(Miyo)＝上一段「見る」の命令形

未然形	連用形	終止形	連体形	已然形	命令形
み	み	みる	みる	みれ	みよ

問84

「受けよ」の活用形を答えよ。

解答

命令形

♪ラップ

Eyoは下一・下二・サ変の命令形

ポイント

動詞に「ず」を付けて判別（エ行）
下一、サ変以外は下二段
受けよ(Ukeyo)＝下二段「受く」の命令形

未然形	連用形	終止形	連体形	已然形	命令形
け	け	く	くる	くれ	けよ

問85

「来《こ》よ」の活用形を答えよ。

解答

命令形

♪ラップ

Koyo は カ変の命令形

ポイント

来よ（Koyo）＝カ変「来《く》」の命令形

未然形	連用形	終止形	連体形	已然形	命令形
こ	き	く	くる	くれ	こよ

問86

「受くる」の活用形を答えなさい。

解答

連体形

♪ラップ

Uruときたら　連体形

ポイント

Uruは、ナ変・サ変・カ変・上二段・下二段があり、すべて連体形

受くる(Ukuru)＝下二段「受く」の連体形

未然形	連用形	終止形	連体形	已然形	命令形
け	け	く	くる	くれ	けよ

問87

「起《お》くれ」の活用形を答えよ。

解答

已然形

♪ラップ

Ure　ときたら　已然形

ポイント

Ureは、ナ変・サ変・カ変・上二段・下二段があり、
すべて已然形
起くれ(Ok<u>ure</u>)＝上二段「起く」の已然形

未然形	連用形	終止形	連体形	已然形	命令形
き	き	く	くる	くれ	きよ

問 88

「義経見給へり」の「給へ」はどういう意味か？

解答

尊敬

♪ラップ

四段の給ふ　は　尊敬

ポイント

四段活用　完了の助動詞

已然形　「り」は「さみしい」

義経見給へり（義経が見なさった）

問 89

「義経見給へき」の「給へ」はどういう意味か？

解答

謙譲

♪ラップ

下二の給ふ　は　謙譲

ポイント

義経見給へき（義経が見申し上げた）

下二段活用　連用形

過去の助動詞　「き」は「連用形接続」

問 90

「火はすでにわが家に移れり」の助動詞「り」の意味を答えよ。

解答

完了

♪ラップ

eりeる《エリエル》 は 完了

ポイント

Utsure ＋ り

四段動詞「移る」の已然形 ＋ 完了の助動詞「り」の終止形

火はすでにわが家に移れり

（火はすでにわが家に移った）

♪官僚の李はさみしい

問91

「おほかた抜かれず」の「れず」の意味は？

解答

不可能

♪ラップ

れ・ず、られ・ず　は　ほぼ不可能

ポイント

おほかた抜かれ　ず

- れ：可能の助動詞「る」の未然形
- ず：打消の助動詞「ず」の終止形

（いっこうに抜くことができない）

問 92

助動詞「る・す」の接続を答えよ。

解答

ナ行変格活用
ラ行変格活用
四段活用

♪ラップ

る・す　は　ナラ四《（ナ変・ラ変・四段）》！

ポイント

ラップを覚えるだけ！

問93

「読ませけり」の助動詞「せ」の意味を答えよ。

解答

使役

♪ラップ

す・さす・しむ　の単独使用は　使役

ポイント

読ませけり（読ませた）↓
尊敬の語などが下にない（単独使用）時は、必ず「使役」

「尊敬」の意味になるには、下に「給ふ」など尊敬の語が必要

㈷ 読ませ給ふ（お読みになる）

問 94

「花咲かむ秋のゆふべは」の助動詞「む」の意味を答えよ。

解答

婉曲

♪ラップ

名詞の上の「む・むず」は　仮定・婉曲

ポイント

婉曲（～のような）

花咲かむ秋のゆふべは

（花が咲くような秋の夕方は）

仮定（～としたら）

問95

「花の散る日に我行かむ」の助動詞「む」の意味を答えよ。

解答

意志

♪ラップ

会話、和歌の文末「む・むず」は
勧誘・意志になりやすい

ポイント

意志（～するつもりだ）
花の散る日に我行かむ
（花の散る日に私は行くつもりだ）
勧誘（～しませんか）

問96

「見渡せば花も紅葉もなかりけり」の助動詞「けり」の意味を答えよ。

解答

詠嘆

♪ラップ

会話、和歌の文末「けり」は
詠嘆になりやすい

ポイント

見渡せば花も紅葉もなかりけり（詠嘆）

（見渡してみると、春の桜も秋の紅葉も何もないことだなあ）

問 97

「高くなりぬべし」の助動詞「ぬ」の意味を答えよ。

解答

強意

♪ラップ

てむ・なむ・つべし・ぬべし　は　強意

ポイント

高くなりぬ（強意の助動詞）べし（推量の助動詞）（きっと高くなるだろう）

問98

「男もすなる日記といふものを」の助動詞「なる」はどういう意味か？

解答

伝聞

♪ラップ

「音《ね》・あり」は 伝聞・推定

ポイント

「音《ね》・あり」の「なり」＝終止形接続

「音」
- うわさなど＝伝聞（〜という）
- 物音＝推定（〜ようだ）

サ変動詞「す」の終止形 ＋ 助動詞「なり」の連体形

男もすなる日記といふものを
（男もするとかいう日記というものを）

問99

「女もしてみむとてするなり」の助動詞「なり」はどういう意味か？

解答

断定

♪ラップ

「に・あり」は　断定

ポイント

「に・あり」の「なり」＝連体形接続

助詞「に」＋動詞「あり」が元の形

サ変動詞「す」の連体形　＋　助動詞「なり」の終止形

女もしてみむとてするなり

（女もしてみようと思ってしたのだ）

問100

「桜なかりせば、春の心のどけからまし」の「せば…まし」の意味を答えよ。

解答

反実仮想

♪ラップ

せば・まし、ませば・まし、
ましかば・まし は 反実仮想

ポイント

反実仮想（もし～だったら、…だろうに）

桜なかりせば、春の心のどけからまし

反実仮想

（桜というものがなかったら、春をのどかな
気持ちで過ごせるだろうに）

問 101

形容詞「蒼《あを》し」の活用の種類を答えよ。

解答

ク活用

♪ラップ

〜からず　は　ク活用

ポイント

蒼し　＋　ず　＝　蒼からず　ク活用

問 102

形容詞「美し」の活用の種類を答えよ。

解答

シク活用

♪ラップ

~しからず は シク活用

ポイント

美し ＋ ず ＝ 美しからず

シク活用

問103

格助詞をすべて答えよ。

解答

と・の・が・から・にて・に・を・へ・して・より

♪ラップ

と・の・が・から・にて・
に・を・へ・して・より

ポイント

格助詞…主に名詞・代名詞などの体言に付き、
前後の語句や文節の関係を
明らかにする助詞のこと

問 104

副助詞をすべて答えよ。

解答

だに・のみ・すら・さへ・など・し・しも・ばかり・まで

♪ラップ

だに・のみ・すら・さへ・
など・し・しも・ばかり・まで

ポイント

副助詞…主に動詞・形容詞などの用言の前に
あり、その用言に意味を限定する
働きを持つ助詞のこと

問105

係《かかり》助詞をすべて答えよ。

解答

ぞ・なむ・や・か・こそ・は・も

♪ラップ

ぞ・なむ・や・か・こそ・は・も

ポイント

係《かかり》助詞…動詞など文中の語に付き、意味や形に影響を与える（係結び）助詞のこと

係結びの例

波の白きのみぞ見ゆる

（波の白いのだけが見える）

見ゆる：下二段動詞「見ゆ」の連体形

問106

「昨日なむ都にまうで来《き》つる」の助動詞「つる」の活用形を答えよ。

解答

連体形

♪ラップ

ぞ なむ や か 連体形
こそ 已然形

ポイント

昨日なむ都にまうで来《き》つる

係結び

完了の助動詞「つ」の連体形

（昨日都に参上した）

問 107

「強意」の係助詞をすべて答えよ。

解答

ぞ・なむ・こそ・は・も

♪ラップ

ぞ・なむ・こそ・は・も　強意

ポイント

強意（～こそ）

⑷「我こそ死なめ。」とて、

係結び

（「私こそ死のう。」と言って、）

問 108

「星や見ゆる」の係助詞「や」の意味を答えよ。

解答

疑問・反語

♪ラップ

や・か　疑問・反語

ポイント

疑問（〜か）

星や見ゆる（星が見えるか）

係結び

反語（〜か、いや〜ない）もある

（星が見えるか、いや見えない）

問 109

「誰かは春を恨みたる」の係助詞「かは」の意味を答えよ。

解答

反語

♪ラップ

やは・かは　ほぼ反語

ポイント

誰かは春を恨みたる

係結び

（誰が春を恨んだか、誰も恨まない）

反語はこう訳す

問 110

「雨もぞ降る」の係助詞「もぞ」を訳せ。

解答

大変だ！

♪ラップ

もぞ・もこそ　は　大変だ！

ポイント

雨もぞ降る（雨が降ったら大変だ）

問111

「中垣こそあれ、…」の「こそあれ、」の意味を答えよ。

解答

逆接

♪ラップ

こそ・已然、……は　逆接

ポイント

中垣こそあれ、…（中垣はあるけれど、…）

ラ変動詞「あり」の已然形

「係結び」

問112

活用語の未然形＋「ば」はどういう意味か？

解答

順接仮定

♪ラップ

順仮（順接仮定）　**末**（未然形）**ば**

ポイント

順仮　末ば（もし〜ならば）

接続助詞「ば」

⑷例⑸ 名にし負はば（もし名を背負うならば）

四段動詞「負ふ」の未然形

問113

活用語の已然形＋「ば」はどういう意味か？

解答

順接確定

♪ラップ

順確（順接確定）　已（已然形）ば

ポイント

順確　已ば（接続助詞「ば」）（～ので）〈「ので」と訳せないときは「～と」と訳す〉

(例)　しをるれ（下二段動詞「しをる」の已然形）ば、（しおれるので、）

問 114

活用語の終止形＋「とも」はどういう意味か？

解答

逆接仮定

♪ラップ

逆仮（逆接仮定） 終（終止形）とも

ポイント

逆仮 終とも（〜しても）

接続助詞「とも」

(例) 滅ぶとも、（滅んだとしても、）

四段動詞「滅ぶ」の終止形

問115

活用語の已然形＋「ども」は
どういう意味か？

解答

逆接確定

♪ラップ

逆確（逆接確定）　**已**（已然形）**ども**

ポイント

逆確　已ども（〜けれども）

接続助詞「ども」

⑷例　海は荒るれども、（海は荒れるけれども、）

下二段動詞「荒る」の已然形

問116

「ほたるの光だになし」の「だに」を訳せ。

解答

さえ

♪ラップ

だにはさえ、さへはまで

ポイント

「だに」は「さえ」と訳し、「さへ」は「まで」と訳す！

ほたるの光だになし（ほたるの光さえない）

副助詞

問117

「声さへ」の「さへ」を訳せ。

解答

まで

♪ラップ

だにはさえ、さへはまで

ポイント

声さへ（声まで）

副助詞

問118

「香《か》をだに残せ　梅の花」の「だに」を訳せ。

解答

せめてだけでも

♪ラップ

仮定・願望・命令・意志＋だに
せめてだけでも

ポイント

香をだに残せ　梅の花
命令
（せめて香りだけでも残してくれ、梅の花よ）

問119

「いかでこのかぐや姫を得てしがな」の「てしがな」を訳せ。

解答

したい

♪ラップ

ばや・てしがな・にしがな　したい

ポイント

いかでこのかぐや姫を得てしがな
（どうにかしてこのかぐや姫を手に入れたい）

問 120

「いまひとたびの　逢ふこともがな」の「もがな」を訳せ。

解答

してほしい

♪ラップ

がな・もがな　してほしい

ポイント

いまひとたびの　逢ふこともがな
（もう一度だけ、お会いしてほしい）

1分経過チェックシート

目指せ！
60回復習
1

50	35	20	5
55	40	25	10
60	45	30	15

目指せ！
60回復習
2

50	35	20	5
55	40	25	10
60	45	30	15

目指せ！
60回復習
3

50	35	20	5
55	40	25	10
60	45	30	15

目指せ！
60回復習
4

50	35	20	5
55	40	25	10
60	45	30	15

目指せ！
60回復習
5

50	35	20	5
55	40	25	10
60	45	30	15

目指せ！
60回復習
6

50	35	20	5
55	40	25	10
60	45	30	15

目指せ！
60回復習
7

50	35	20	5
55	40	25	10
60	45	30	15

目指せ！
60回復習
8

50	35	20	5
55	40	25	10
60	45	30	15

古典文法演習
60

One Minute Tips to Master Japanese Classic Grammar 180

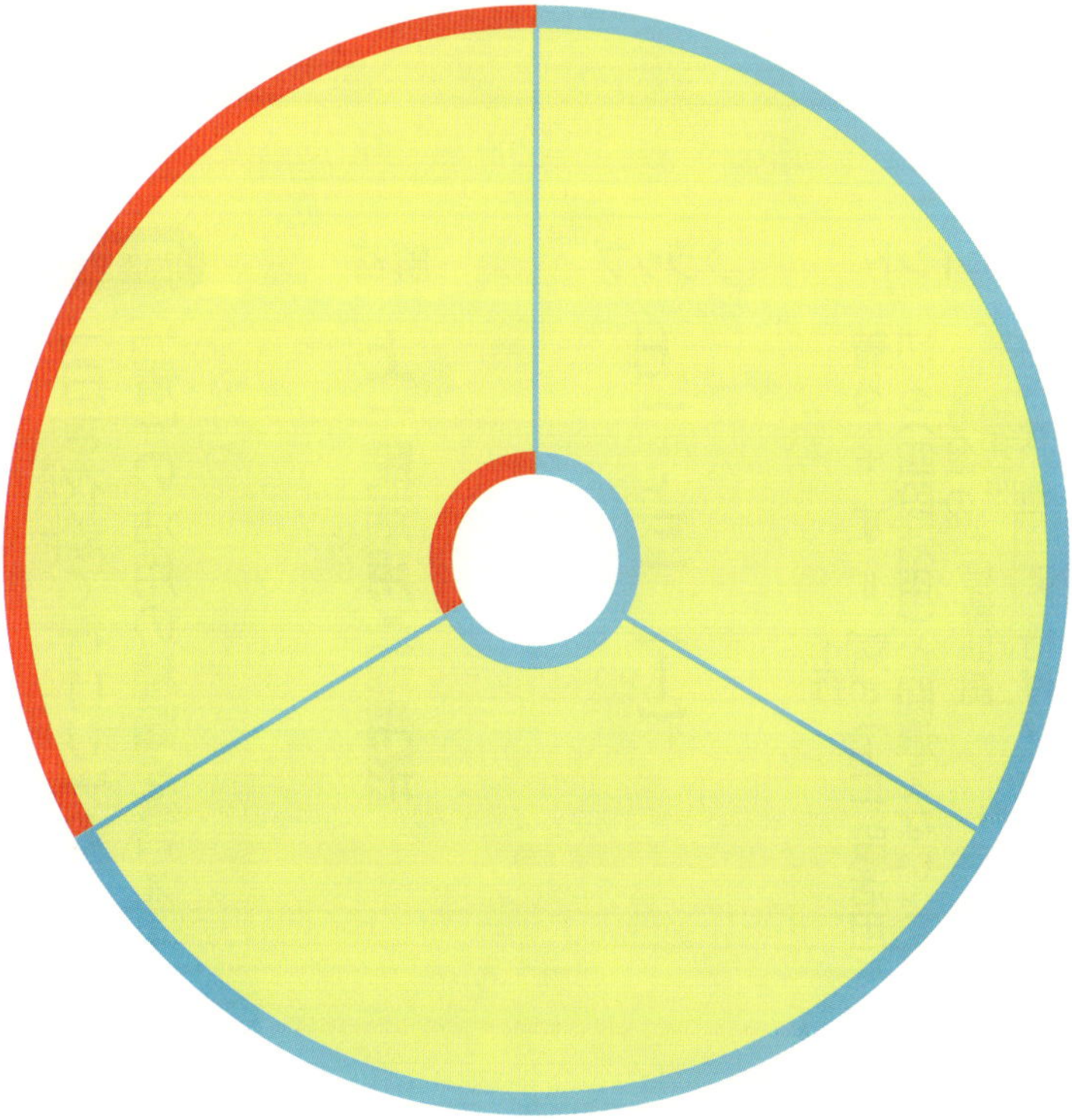

問 121

「けふは子《ね》の日なりければ、切らず」の「切ら」の活用の種類を答えよ。

解答

四段活用・未然形

♪ラップ

ナ変ラ変四段【A《あ》】

ポイント

切る ＋ ず ＝ 切ら《ア行》ず（四段活用）
着る（上一段活用）と間違えないように！
けふは子の日なりければ、切らず
（今日は子の日だったので、切らない）

問 122

「白き衣《きぬ》着《き》て行けり」の「着」の活用の種類を答えよ。

解答

上一段活用・連用形

♪ラップ

上一・上二【I《い》】

ポイント

着る ＋ ず ＝ 着《イ行》ず（上一段活用）
切る（四段活用）と間違えないように！
「着る」の連用形＋接続助詞
白き衣 着 て 行けり（白い衣を着て行った）

問 123

「昔、男ありけり」の「あり」の活用の種類を答えよ。

解答

ラ行変格活用・連用形

♪ラップ

ナ変ラ変四段　【A《あ》】

ポイント

あり ＋ ず ＝ あらず（ラ行変格活用）
ア行

♪「ラ変」＝あり・をり・侍り・いまそがり

「あり」の連用形 ＋ 間接過去

昔、男ありけり（昔、男がいたという）

問 124

【恐ろしくて、寝《ね》も寝《ね》られず】を訳せ。

解答

恐ろしくて、寝ることもできない。

♪ラップ

る・らる＝受身・尊敬・自発・可能
られ・られ・らる・らるる・らるれ・られよ

ポイント

「～できない」と訳せる→可能

問125

【けふは、女のみぞ思ひやらるる】を訳せ。

解答

今日は、女のことばかりが思い出されることだ。

♪ラップ

る・らる＝受身・尊敬・自発・可能

ぞ なむ や か 連体形 こそ 已然形

ポイント

「(自然に)思い出される」と訳せる→自発

問126

【「いとうしろめたし。」と仰《おほ》せらるれば、】を訳せ。

解答

「とても気がかりだ。」とおっしゃいなさるので、

♪ラップ

る・らる＝受身・尊敬・自発・可能

られ・られ・らる・らるる・らるれ・られよ

ポイント

「おっしゃいなさる」と訳せる→尊敬

「已然形＋ば」＝♪順確已ば→まずは「～ので」と訳してみる

問 127

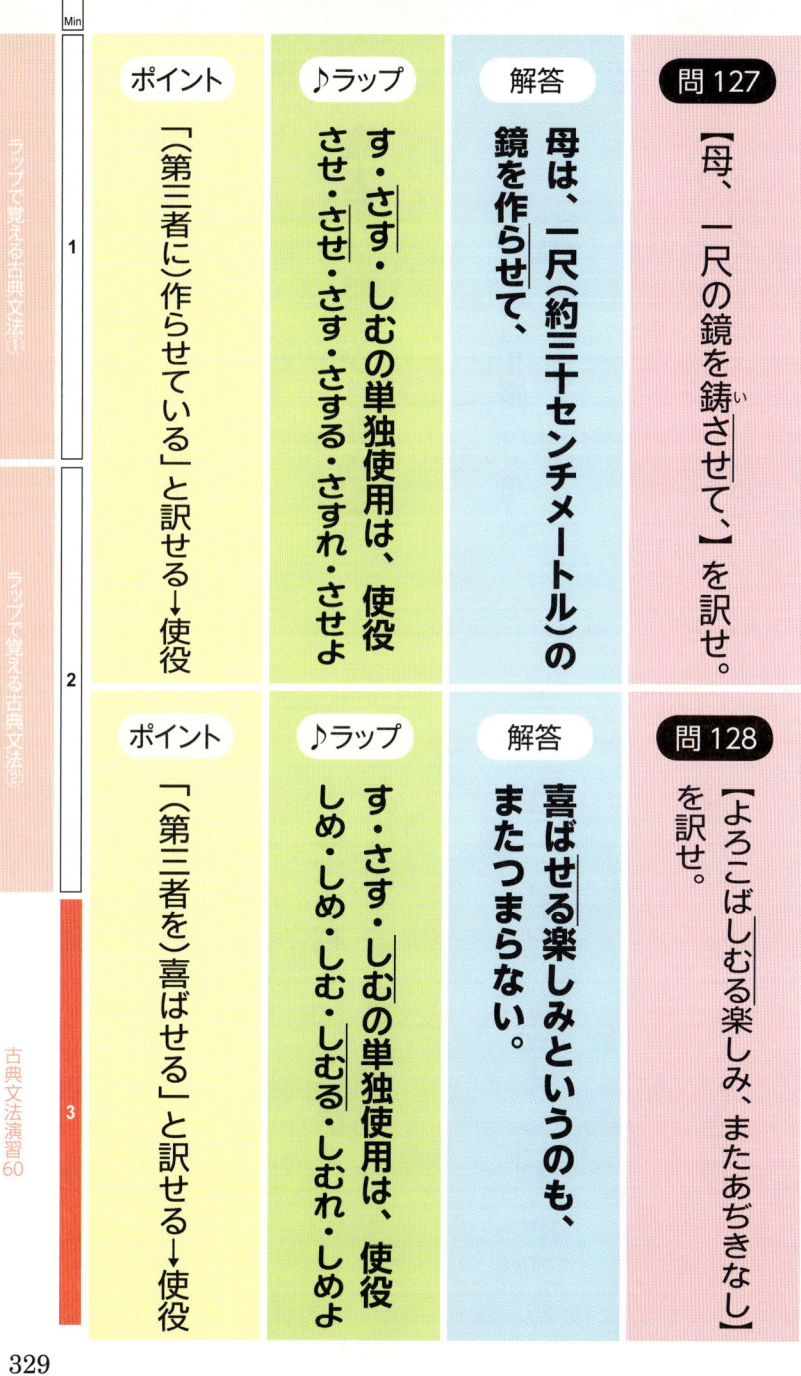

【母、一尺の鏡を鋳《い》させて、】を訳せ。

解答

母は、一尺（約三十センチメートル）の鏡を作らせて、

♪ラップ

す・さす・しむの単独使用は、使役
させ・させ・さす・さする・さすれ・させよ

ポイント

「（第三者に）作らせている」と訳せる→使役

問 128

【よろこばしむる楽しみ、またあぢきなし】を訳せ。

解答

喜ばせる楽しみというのも、またつまらない。

♪ラップ

す・さす・しむの単独使用は、使役
しめ・しめ・しむ・しむる・しむれ・しめよ

ポイント

「（第三者を）喜ばせる」と訳せる→使役

問129

【東宮《とうぐう》出でさせ給ふ】を訳せ。

解答

皇太子はおでかけなさる。

♪ラップ

す・さす・しむ＝使役・尊敬
させ・させ・さ・さする・さすれ・させよ

ポイント

身分の高い人（東宮＝皇太子のこと）が主語で「～なさる」と訳せる→尊敬

問130

【人、木石《ぼくせき》にあらざれば、みな情《なさけ》あり】を訳せ。

解答

人は木や石ではないので、みな情《なさけ》を持っている。

♪ラップ

ざら・ざり・○《まる》・ざる・ざれ・ざれ

ポイント

「已然形＋ば」＝♪順確已ば

問 131

【法師は人にうとくてありなむ】を訳せ。

解答

法師という者は、世俗《せぞく》の人には疎遠《そえん》であるのがよいにちがいない。

♪ラップ

む・むず＝推量・意志・仮定・適当・婉曲・勧誘

ポイント

「〜がよい」と訳せる→適当

問 132

【花を見てこそ帰り給はめ】を訳せ。

解答

花を見てお帰りになってくださいませんか。

♪ラップ

む・むず＝推量・意志・仮定・適当・婉曲・勧誘
ぞ　なむ　や　か　連体形　こそ　已然形

ポイント

「〜ませんか」と訳せる→勧誘

問 133

【東国《とうごく》より、迎へに人々詣《まう》で来むず】を訳せ。

解答

東国から、迎えに人々がやって来ることだろう。

♪ラップ

○《まる》・○《まる》・むず・むずる・むずれ・○《まる》

ポイント

「〜だろう」と訳せる→推量
まうで来《こ》=カ変動詞「まうで来《く》」の未然形

問 134

【「足の向きたらむ方へ往なむず」】を訳せ。

解答

「足の向いている方向へ行ってしまうつもりだ」。

♪ラップ

会話、和歌の文末「む・むず」は勧誘・意志になりやすい

ポイント

相手に言うなら、勧誘(〜しませんか)
自分を鼓舞するなら、意志(〜するつもりだ)

問135

【いかに言ひ何にたとえて語らまし】を訳せ。

解答

どんな風に言い、何にたとえて語ったものだろうか

♪ラップ

まし＝反実仮想・願望・ためらいの気持

ポイント

いかに――まし
（どんな風に――だろうか）と訳せる
↓ためらいの気持

問136

【やがてかけこもらましかば、くちをしからまし】を訳せ。

解答

そのまま（掛《か》け金《がね》を）かけて閉じこもったなら、残念であろうに。

♪ラップ

せば・まし、ませば・まし、
ましかば・まし　は反実仮想
（ませ）・〇《まる》・まし・まし・ましか・〇《まる》

ポイント

ましかば・まし
（～だったら、…だろうに）と訳す

問 137

【「負けじ」と打つべきなり】を訳せ。

解答

「負けまい」と打つのがよいのだ。

♪ラップ

じ＝打消推量・打消意志

ポイント

「負けまい」と訳せる→打消意志

問 138

【言はまほしき事もえ言はず、】を訳せ。

解答

言いたい事も言うことができず、

♪ラップ

まほし＝希望

く・く・し・き・けれ・◯《まる》

から・かり・◯《まる》・かる・◯《まる》・◯《まる》

ポイント

まほし＝希望（～したい）と訳す

問139

【悪所《あくしょ》に落ちては死にたからず】を訳せ。

解答

険《けわ》しい場所に落ちては死にたくない。

♪ラップ

たし＝希望
く・く・し・き・けれ・○《まる》
から・かり・○《まる》・かる・○《まる》・○《まる》

ポイント

たし＝希望（〜したい）＋ず
→「〜したくない」と訳す

問140

【雨のいたく降りしかば、】を訳せ。

解答

雨がひどく降ったので、

♪ラップ

（せ）・○《まる》・き・し・しか・○《まる》
き＝直接過去、けり＝間接過去・詠嘆

ポイント

しか＝直接過去「き」（〜した）の已然形
「已然形＋ば」＝♪順確已ば
→「〜したので」と訳す

問141

【この稚《ち》児《ご》心《こころ》寄《よ》せに聞きけり】を訳せ。

解答

この稚《ち》児《ご》は期待して聞いたそうな。

♪ラップ

き＝直接過去、けり＝間接過去・詠嘆

ポイント

「～したそうな」と訳せる→間接過去

問142

【「げに、花の咲きけり」】を訳せ。

解答

「なるほど、桜が咲いた事だなあ」

♪ラップ

会話、和歌の文末「けり」は、詠嘆になりやすい

き＝直接過去、けり＝間接過去・詠嘆

ポイント

「～だなあ」と訳せる→詠嘆

問143

【五年六年のうちに、千年や過ぎにけむ】を訳せ。

解答

五、六年の間に、千年も過ぎてしまっただろうか。

♪ラップ

けむ＝過去推量・伝聞・婉曲
ぞ　なむ　や　か　連体形　こそ　已然形
○《まる》・○《まる》・けむ・けむ・けめ・○《まる》

ポイント

「～だっただろう」と訳せる→過去推量

問144

【ほととぎす鳴きつる方】を訳せ。

解答

ほととぎすの鳴いた方向

♪ラップ

つ・ぬ＝完了・強意
て・て・つ・つる・つれ・てよ

ポイント

「～た」と訳せる→完了

問 145

【合格したし。怠《おこた》らず成してむ】を訳せ。

解答

合格したい。怠《おこた》ることなくきっと成《な》し遂《と》げよう。

♪ラップ

てむ・なむ・つべし・ぬべし　強意

ポイント

てむ＝強意（きっと～しよう）と訳す

問 146

【我、ひたぶるに励《はげ》みたりけり】を訳せ。

解答

私は、ひたすら努力したものだなあ。

♪ラップ

たり＝完了・存続
たら・たり・たり・たる・たれ・たれ

ポイント

「～した」と訳せる→完了

問 147

【紫だちたる雲の細くたなびきたる】を訳せ。

解答

紫がかっている雲が細くたなびいている。

♪ラップ

たり＝完了・存続
たら・たり・たり・たる・たれ・たれ

ポイント

「～している」と訳せる→存続

問 148

【内なる箱をご覧ぜり】を訳せ。

解答

中にある箱をご覧になった。

♪ラップ

官僚の李は、さみしい
「サ変」＝す・おはす・ご覧ず
「サ変」＝せ・し・す・する・すれ・せよ

ポイント

完了の「り」＝サ行変格活用の未然形・四段活用の已然形（命令形）に接続

問 149

【かの大将の飲み給へる酒なり】を訳せ。

解答

あの大将がお飲みになった酒である。

♪ラップ

eりeるは完了

ポイント

給へる＝四段活用動詞「給ふ」の已然形「給へ《～e》」
＋
完了（存続）の助動詞「り」の連体形「る」

問 150

【雲のいづこに月《つき》宿《やど》るらむ】を訳せ。

解答

雲のどのあたりに
月は宿をとっているのだろう。

♪ラップ

らむ＝現在推量

ポイント

現在推量は、目の前の出来事に対する
推量のこと

問 151

【この海にも劣《おと》らざるべし】を訳せ。

解答

この海の深さにも劣《おと》らないだろう。

♪ラップ

べし＝推量・意志・可能・当然・命令・適当

ポイント

「～だろう」と訳せる→推量

問 152

【「死ぬべし」と申す】を訳せ。

解答

「死ぬつもりだ」と申し上げます。

♪ラップ

べし＝推量・意志・可能・当然・命令・適当

ポイント

「～するつもりだ」と訳せる→意志

問153

【勝負を決すべからず】を訳せ。

解答

勝負をつけることができない。

♪ラップ

く・く・し・き・けれ・◯《まる》
から・かり・◯《まる》・かる・◯《まる》・◯《まる》
べし＝推量・意志・可能・当然・命令・適当

ポイント

べし＝可能（～できる）＋ず
↓「～できない」と訳す

問154

【人、死を憎《にく》まば、生を愛すべし】を訳せ。

解答

人は、死を憎《にく》むのであれば、生を愛するべきである。

♪ラップ

べし＝推量・意志・可能・当然・命令・適当

ポイント

「～べきである」と訳せる↓当然

Min 1 2 3

問155

【汝《なんじ》、ひたぶるに励むべし】を訳せ。

解答

君は、一生懸命努力しなさい。

♪ラップ

べし＝推量・意志・可能・当然・命令・適当

ポイント

「〜しなさい」と訳せる→命令

問156

【家の作りやうは夏をむねとすべし】を訳せ。

解答

家の作り方は、夏を基準とするとよい。

♪ラップ

べし＝推量・意志・可能・当然・命令・適当

ポイント

「〜がよい」と訳せる→適当

問 157

【盗みもしつべきことなり】を訳せ。

解答

きっと盗みもしてしまうことだ。

♪ラップ

てむ・なむ・つべし・ぬべし　強意

ポイント

つべし＝強意（きっと〜する）と訳す

問 158

【春過ぎて夏来たるらし】を訳せ。

解答

春が過ぎて夏が来たらしい。

♪ラップ

らし＝推定

ポイント

らし＝推定（〜らしい）と訳す

問159

【よきひとにあめり】を訳せ。

解答

よい人であるようだ。

♪ラップ

終止形接続の助動詞
ラ変のときだけ連体形
めり＝推定・婉曲

ポイント

あめり→ある（連体形）＋めり（終止形）
「あるめり」→「あんめり」の「ん」が表記されない
→「あめり」

問160

【人ごとに言ふめれど、】を訳せ。

解答

どの人も言うようだが、

♪ラップ

めり＝推定・婉曲
○《まる》・○《まる》・めり・める・めれ・○《まる》

ポイント

「どの人も言うようだ」と訳せる→婉曲
「已然形＋ど（も）」＝♪逆確已ども
→「〜だが、」と訳す

問 161

【俗《ぞく》の身なれば苦しかるまじ】を訳せ。

解答

俗《ぞく》人《じん》なので、差し支えないだろう。

♪ラップ

まじ＝打消推量・打消意志・打消当然・不可能・禁止

ポイント

「～ないだろう」と訳せる→打消推量

問 162

【「敵の手にはかかるまじ」】を訳せ。

解答

「敵の手にはかからないつもりだ」

♪ラップ

まじ＝打消推量・打消意志・打消当然・不可能・禁止

ポイント

「～ないつもりだ」と訳せる→打消意志

問163

【つかの間も忘るまじきなり】を訳せ。

解答

ほんの一瞬も忘れるべきではない。

♪ラップ

まじ＝打消推量・打消意志・打消当然・不可能・禁止

ポイント

「〜べきではない」と訳せる→打消当然

問164

【たはやすく人寄り来まじき家を作りて】を訳せ。

解答

たやすく人が寄って来ることができない家を作って

♪ラップ

まじ＝打消推量・打消意志・打消当然・不可能・禁止

ポイント

「〜できない」と訳せる→不可能

問 165

【束の間も忘るまじき】を訳せ。

解答

かたときも忘れるな。

♪ラップ

く・く・し・き・けれ・○《まる》
から・かり・○《まる》・かる・○《まる》・○《まる》
まじ＝打消推量・打消意志・
打消当然・不可能・禁止

ポイント

「～するな」と訳せる→禁止

問 166

【人々あまた声して来なり】を訳せ。

解答

大勢の声が聞こえる。人々が来たようだ。

♪ラップ

「音《ね》・あり」は伝聞・推定

ポイント

あまた声
＝
物音→推定（～ようだ）と訳す

問167

【駿《する》河《が》の国にあるなる山】を訳せ。

解答

駿《する》河《が》の国にあるという山

♪ラップ

「音《ね》・あり」は伝聞・推定
終止形接続の助動詞
ラ変のときだけ連体形

ポイント

駿河の国にある
＝
うわさ→伝聞（〜という）と訳す

問168

【負けじと打つべきなり】を訳せ。

解答

負けまいと打つべきである。

♪ラップ

なら・なり・なり・なる・なれ・なれ
に

ポイント

「べき＋なり」＝断定
「べかる＋なり」＝伝聞・推定

問 169

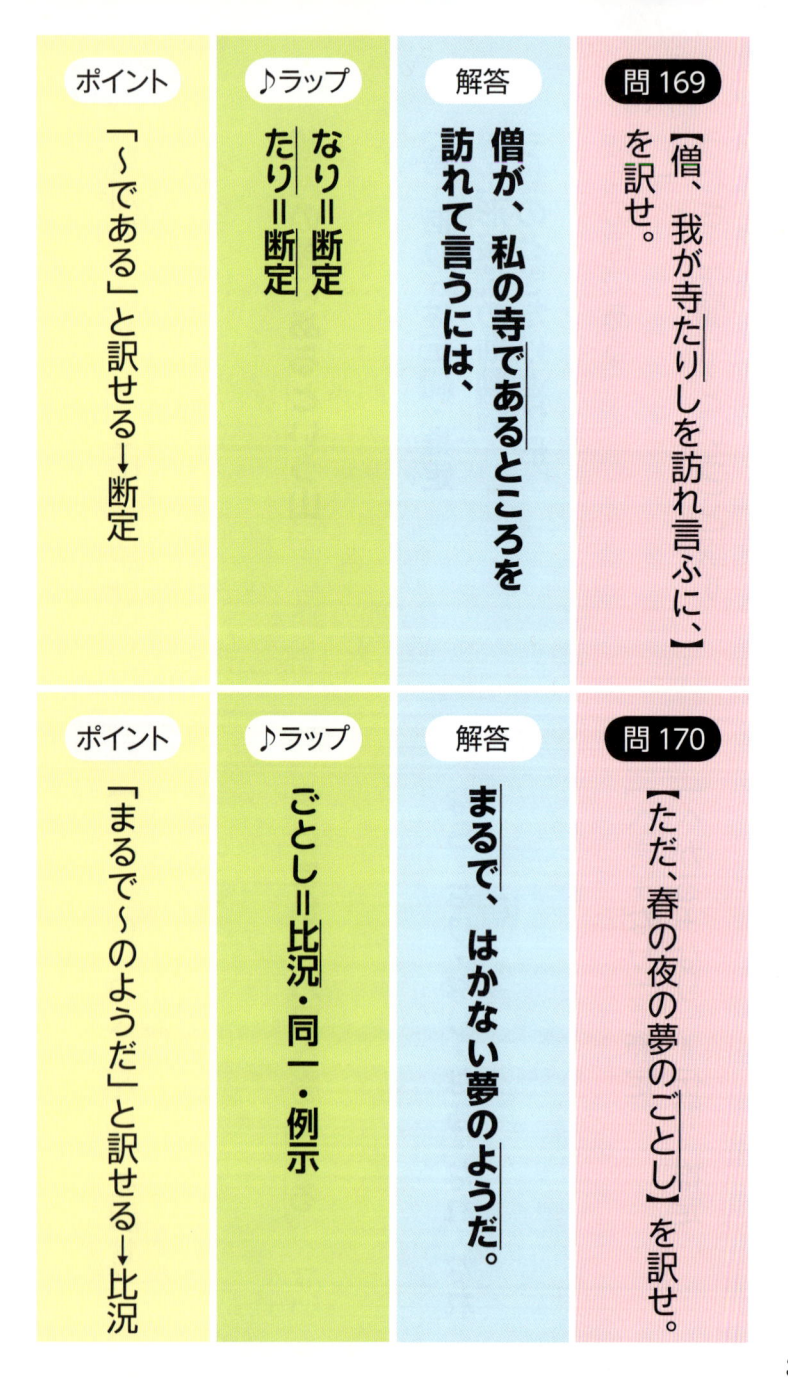

【僧、我が寺たりしを訪れ言ふに、】を訳せ。

解答

僧が、私の寺であるところを訪れて言うには、

♪ラップ

なり＝断定
たり＝断定

ポイント

「〜である」と訳せる→断定

問 170

【ただ、春の夜の夢のごとし】を訳せ。

解答

まるで、はかない夢のようだ。

♪ラップ

ごとし＝比況・同一・例示

ポイント

「まるで〜のようだ」と訳せる→比況

問171

【つひに本意のごとくなりにけり】を訳せ。

解答

ついに思い通りに実現した。

♪ラップ

ごとし＝比況・同一・例示
く・く・し・き・けれ・○《まる》

ポイント

「〜の通りに」と訳せる→同一

問172

【未《いま》だかくのごときためしを聞かず】を訳せ。

解答

まだこのような前例を聞いたことがない。

♪ラップ

ごとし＝比況・同一・例示
く・く・し・き・けれ・○《まる》

ポイント

「(例えば)〜のような」と訳せる→例示

問 173

【おほけなく憂き世の民におほふかな】の助詞「の」の種類を答えよ。

解答

格助詞

♪ラップ

と・の・が・から・にて・に・を・へ・して・より

ポイント

の＝格助詞「～の」
おほけなく憂き世の民におほふかな
（身分不相応にもつらい世の人々におおうことだよ）

問 174

【月は、くまなきをのみ見るものかは】の助詞「のみ」の種類を答えよ。

解答

副助詞

♪ラップ

だに・のみ・すら・さへ・など・し・しも・ばかり・まで

ポイント

のみ＝副助詞「～だけ」
月は、くまなきをのみ見るものかは
（月はくもりがないのだけを見るものだろうか。いや、そうとは限らない）

問175

【聖《ひじり》などすら、】の助詞「すら」の種類を答えよ。

解答

副助詞

♪ラップ

だに・のみ・すら・さへ・など・し・しも・ばかり・まで

ポイント

すら＝副助詞「～でさえ」
聖などすら、
（高徳の僧などでさえ、）

問176

【今日しも端《はた》におはしましけるかな】の助詞「しも」の種類を答えよ。

解答

副助詞

♪ラップ

だに・のみ・すら・さへ・など・し・しも・ばかり・まで

ポイント

しも＝副助詞「～に限って」
今日しも端におはしましけるかな
（今日に限って端近《はしぢか》なところにいらっしゃったものだなあ）

問 177

【夜中ばかりに人皆寝静まりはてて、】の助詞「ばかり」の種類を答えよ。

解答

副助詞

♪ラップ

だに・のみ・すら・さへ・など・し・しも・ばかり・まで

ポイント

ばかり＝副助詞「～ごろ」

夜中ばかりに人皆寝静まりはてて、

（夜中ごろに人が皆すっかり寝静まって、）

問 178

【明くるより暮るるまで、】の助詞「まで」の種類を答えよ。

解答

副助詞

♪ラップ

だに・のみ・すら・さへ・など・し・しも・ばかり・まで

ポイント

まで＝副助詞「～まで」

明くるより暮るるまで、

（明けてから暮れるまで、）

問179

【いたづらに立てりけり】の形容動詞「いたづらに」の活用の種類を答えよ。

解答

ナリ活用

♪ラップ

なら・なり(に)・なり・なる・なれ・なれ

ポイント

いたづらに立てりけり
(無駄に立っていたのだった)

いたづらなり(いたずらなリカちゃん、無駄だって言っているのに……『1分間古文単語』57)

問180

【涼風《りょうふう》颯々《さつさつ》たりし夜なか半《ば》に、】の形容動詞「颯々たり」の活用の種類を答えよ。

解答

タリ活用

♪ラップ

たら・たり(と)・たり・たる・たれ・たれ

ポイント

涼風颯々たりし夜なか半に、
(涼風がさあっと吹いた夜半に、)

1分経過チェックシート

目指せ！
60回復習
1

□	□	□	□
□	□	□	□
□	□	□	□
□	□	□	□
50	35	20	5
□	□	□	□
□	□	□	□
□	□	□	□
□	□	□	□
55	40	25	10
□	□	□	□
□	□	□	□
□	□	□	□
□	□	□	□
60	45	30	15

目指せ！
60回復習
2

□	□	□	□
□	□	□	□
□	□	□	□
□	□	□	□
50	35	20	5
□	□	□	□
□	□	□	□
□	□	□	□
□	□	□	□
55	40	25	10
□	□	□	□
□	□	□	□
□	□	□	□
□	□	□	□
60	45	30	15

目指せ！
60回復習
3

□	□	□	□
□	□	□	□
□	□	□	□
□	□	□	□
50	35	20	5
□	□	□	□
□	□	□	□
□	□	□	□
□	□	□	□
55	40	25	10
□	□	□	□
□	□	□	□
□	□	□	□
□	□	□	□
60	45	30	15

目指せ！
60回復習
4

□	□	□	□
□	□	□	□
□	□	□	□
□	□	□	□
50	35	20	5
□	□	□	□
□	□	□	□
□	□	□	□
□	□	□	□
55	40	25	10
□	□	□	□
□	□	□	□
□	□	□	□
□	□	□	□
60	45	30	15

目指せ！
60回復習
5

□	□	□	□
□	□	□	□
□	□	□	□
□	□	□	□
50	35	20	5
□	□	□	□
□	□	□	□
□	□	□	□
□	□	□	□
55	40	25	10
□	□	□	□
□	□	□	□
□	□	□	□
□	□	□	□
60	45	30	15

目指せ！
60回復習
6

□	□	□	□
□	□	□	□
□	□	□	□
□	□	□	□
50	35	20	5
□	□	□	□
□	□	□	□
□	□	□	□
□	□	□	□
55	40	25	10
□	□	□	□
□	□	□	□
□	□	□	□
□	□	□	□
60	45	30	15

目指せ！
60回復習
7

□	□	□	□
□	□	□	□
□	□	□	□
□	□	□	□
50	35	20	5
□	□	□	□
□	□	□	□
□	□	□	□
□	□	□	□
55	40	25	10
□	□	□	□
□	□	□	□
□	□	□	□
□	□	□	□
60	45	30	15

目指せ！
60回復習
8

□	□	□	□
□	□	□	□
□	□	□	□
□	□	□	□
50	35	20	5
□	□	□	□
□	□	□	□
□	□	□	□
□	□	□	□
55	40	25	10
□	□	□	□
□	□	□	□
□	□	□	□
□	□	□	□
60	45	30	15

	種別	意味	活用	判別
助動詞	まじ	49, 161, 162, 163, 164, 165	50, 165	5, 40, 159, 167
	なり（終止形接続）	51, 166, 167, 168	52	5, 40, 98, 159, 167
	なり（連体形接続）	53, 168, 169	54	6, 99
	たり（連体形接続）	53, 169	55	6
	ごとし	56, 170, 171, 172	57, 171, 172	6
動詞	ナ変動詞		73, 82	61, 65, 67
	ラ変動詞		74, 82, 123	61, 65, 68
	四段動詞		75, 82, 121	61, 66, 88
	上一段動詞		76, 83, 122	62, 65, 69
	上二段動詞		77, 83, 87	62, 66
	下一段動詞		78, 84	63, 65, 70
	下二段動詞		79, 84, 86	63, 66, 89
	サ変動詞		80, 84, 148	63, 65, 71, 148
	カ変動詞		81, 85, 133	64, 65, 72
形容詞	ク活用		58	101
	シク活用		58	102
形容動詞	ナリ活用		59	179
	タリ活用		60	180
助詞	格助詞	173		103, 173
	副助詞	116, 117, 118, 174, 175, 176, 177, 178		104, 174, 175, 176, 177, 178
	係助詞	107, 108, 109, 110, 111	106	105, 125, 132, 143
	接続助詞	112, 113, 114, 115, 126, 130, 140, 160		
	終助詞	119, 120		

索　引

※数字は、「問題番号」を示しています。
「ページ数」ではありませんので、ご注意ください。

	種別	意味	活用	判別
用言	動詞・形容詞・形容動詞および助動詞	―	1	―
助動詞	る	7, 91, 125	8	2, 92
	らる	7, 91, 124, 126	9, 124, 126	2
	す	10, 93	11	2, 92
	さす	10, 93, 127, 129	12, 127, 129	2
	しむ	10, 93, 128	13, 128	2
	ず	14	15, 130	2
	む	16, 94, 95, 97, 131, 132	17	2
	むず	16, 94, 95, 134	18, 133	2
	まし	19, 100, 135, 136	20, 136	2
	じ	21, 137	22	2
	まほし	23, 138	24, 138	2
	たし	25, 139	26, 139	3
	き	27, 140	28, 140	3
	けり	27, 96, 141, 142	29	3
	けむ	30, 143	31, 143	3
	つ	32, 97, 144, 145, 157	34, 144	3
	ぬ	32, 97	35	3
	たり（連用形接続）	33, 146, 147	36, 146, 147	3
	り	38, 90, 149	39	4, 37, 148
	らむ	41, 150	42	5, 40, 159, 167
	べし	43, 151, 152, 153, 154, 155, 156	44, 153	5, 40, 159, 167
	らし	45, 158	47	5, 40, 159, 167
	めり	46, 159, 160	48, 160	5, 40, 159, 167

【著者紹介】

石井貴士（いしい たかし）

1973年生まれ。私立海城高校卒。
高校2年のときに、「1秒で目で見て、繰り返し復習すること」こそ、
勉強の必勝法だと悟る。

そして、「1単語1秒」で記憶するためのノートを自作して、実践した結果、
たったの3カ月で、英語の偏差値を30台から70台へ、世界史も70台へ上昇
させることに成功。

その結果、「代々木ゼミナール模試では、全国1位（6万人中1位）」
「Z会慶應大学模試では、全国1位」を獲得し、慶應義塾大学経済学部に合格。

また、大学入学後には、ほとんど人と話したことがないという状態から、
テレビ局のアナウンサー試験に合格。
アナウンサー在職中に、突然、「無職からスタートしてビッグになったら、多くの
人を勇気づけられるはず！」と思い立ち、本当に退職して局アナ→無職に。

その後、世界一周旅行に出発し、27カ国を旅する。帰国後、日本メンタルヘルス
協会で「心理カウンセラー資格」を取得。2003年にココロ・シンデレラを起業。

現在、1冊を1分で読めるようになる「1分間勉強法」を伝授する一方で、
作家活動も展開。累計120万部を突破するベストセラー作家になっている。

主な著書に、ベストセラーになった『本当に頭がよくなる　1分間勉強法』
『1分間英語勉強法』『CD付　1分間英単語1600』『1分間東大英単語1200』
『1分間早稲田英単語1200』『1分間慶應英単語1200』（以上、中経出版）、
『1分間日本史1200』『1分間世界史1200』『1分間古文単語240』
『1分間数学Ⅰ・A180』『1分間英文法600』（以上、水王舎）などがある。

●著者ホームページ　http://www.1study.jp

管野泰久（かんの やすひさ）

1972年福島県須賀川市生まれ。早稲田大学第一文学部卒業。
私立修道中学高等学校国語科教諭。同校軽音楽部顧問。

就職2年目に田原先生（現修道中学高等学校校長）から、
「古典の出来ない生徒に何かいい方法はないか」と尋ねられ、音楽を使った暗誦法
「助動詞ラップ」を始める。

「助動詞ラップ」は門外不出としていたが、2011年の東日本大震災で、
故郷が未曾有の被害を受けたことを機に、なるべくたくさんの人の役に立ちたい
と決意。売り上げの一部が、震災の復興支援に少しでもなるのならと、一念発起する。

1分間古典文法180

2012年 4月 5日 第1刷発行
2015年12月15日 第3刷発行

著 者 石井貴士
Feat 管野泰久
装 幀 重原 隆
本文デザイン 図版
川原田良一

発行所 株式会社 水王舎
〒160-0023 東京都新宿区西新宿6-15-1
TEL 03-5909-8920 FAX 03-5909-8921
ホームページ http://www.suiohsha.jp/
発行者 出口 汪
協力者 田原俊典 吉田 学 惠島 聖 原田佳織
中村茂雄 大原拓司 大瀬元貴 石德優季
藤島真介 堀田真令 長谷 剛 那須 泰
眞野嵩之 山田和弘 渡邉克志朗 小島 燎
ARAKI HATTORI Kay TAKAHIRO
FUMIKO MAYUKO KAZUMA TANI
SERA-TypeA SERA-TypeB LK704
修道中学校2年のみなさん
みやじま華屋敷
印刷所 日之出印刷
製本所 穴口製本所
乱丁本・落丁本はお取り替えいたします。

ISBN 978-4-921211-70-7 C7381